こころ灯 books

聴かせていただく

カウンセリングエッセンス

著者　杉山雅宏

発行　悠々舎出版
発売　そらの子出版

はじめに

　この本は、カウンセリングを学ぼうとする人たちのために、「こころをこめて相手の話を聴かせていただく姿勢とはどういうことなのか」について学んでいただきたい、そういう思いで書きあげました。

　カウンセリングとは、さまざまな人間関係のトラブル、親子関係、心身の病気、結婚や離婚、就職や転職など、人が人生のさまざまな問題に直面したときに、自分自身をみつめ、自分で答えを出していくプロセスを支える援助的人間関係のことです。その基本となる姿勢が傾聴です。

　「どうしてあなたはカウンセラーという仕事に興味があるのですか？」

　カウンセラー志望の若い人たちにこの質問をすると、その多くが「人にかかわる仕事で、人の役に立つことがしたいからです」と答えます。

　なるほど、カウンセラーは人にかかわりますし、人の役に立つ仕事だといえるでしょう。しかし、よく考えてみてください。

　「人にかかわり、人の役に立つ」ような仕事はカウンセラーに限らずたくさんあります。雑貨屋やカフェなどの店員、市役所の窓口の係、会社の経理係、営業マン、運送会社の配達員など、いずれの仕事も必ず人とかかわりますし、直接的・間接的に人の役に立つ仕事です。

むしろ、人とまったくかかわることのない、人の役に立たない仕事を探す方が、難しいくらいかもしれません。

　そのように説明をして、もう一度「どうしてカウンセラーになりたいのですか」と尋ねると、たいていの人は「そう言われるとそうなんですが……」と、黙り込んでしまいます。そんななかで、ある大学生は次のように答えました。

　「企業のなかで働くのって、人に命令されてばかりだし、自分のやりたくないこともやらされるんです。それに企業の仕事って、自分が辞めても替わりの人がすぐ出てくるじゃないですか。自分が働く意味合いが薄い感じがするんです。でも、カウンセラーの仕事は１対１で人と接しますよね。目の前にいる人の相談にのって、その人が元気になるとか、悩みが解決するとかいうことがあるじゃないですか。自分が人の役に立っているという実感が得られる仕事だと思うんです」

　この人はカウンセラーという仕事を、「自分が相手に対して直接的に役立っているという実感が得られる仕事」として捉えています。

　「自分の力で、人を元気づけられる」、「自分の力で、人の心が癒される」、「自分の力で、人の悩みが解決する」、そういったことを通して「自分は人の役に立っているなぁ」という実感を味わいたい。そして、そういう実感は企業の事務仕事では得られない。だから、カウンセラーのような仕事につきたいと考えているようでした。

　このように漠然とカウンセラーを志望する人たちの多くは、「人の役に立っている実感がほしい」と思っているようです。

　カウンセラーという仕事は確かに「人の役に立つという実感が得

られる」ものですし、「人の心を癒す」という部分もあります。

　しかし、どちらの捉え方もカウンセラーという仕事のほんのわずかな一面しかみていません。

　カウンセラーは何をする人なのか、カウンセリングという仕事はどういうものなのか、もう少しきちんと押さえておかないと、後で「こんなはずではなかった」と後悔することになってしまうかもしれません。

　カウンセリングとは、単なるこころの治療や問題解決の方法ではなく、人が人生のさまざまな問題に取り組み、自分自身をみつめることを通して、人間として自己成長を果たしていくプロセスを考える援助的人間関係であると私は考えています。

　カウンセリングは問題の解決だけが目的ではありません。苦しみ、悲しみ、つらい出来事、それらすべてに人生からの気づきのメッセージが潜んでいます。すべてが、気づきと学び、自己成長のチャンスなのです。

　カウンセラーは、人生のがけっぷちに立たされながらも、自分と真剣に向き合うクライエントさんたちから多くのことを学ばせていただいています。

　カウンセリングを学ぶことで、誰もが真剣に自分の人生に向き合うとはどういうことなのか、あらためてみつめ直すことができるのではないでしょうか。

もくじ

第9章　カウンセリングの技法

第10章　法と対人援助職との関係性

第一章

カウンセリングの人間観

カウンセリングの人間観

　人間観とは、人間をどのような存在として受けとめるのかということで、人間を支援するカウンセリングという行為の基本となるテーマです。

　カウンセリングの主な目標は、人生で出合う悩みや問題の解決に取り組むという機会をきっかけにして、その人の成長や自立の促進を支援することです。その支援の方向は、おそらく支援者がどのような人間観をもっているかにより異なると思います。人間観とは、人間らしさをどのようにとらえるか、つまり、人間は先天的によりよく生きようとする存在なのかどうか、あるいは人間の本性を善とするか悪とするか、そういう問いに対する各自の考えとなります。カウンセラーたちは、どんな人間観に基づいて支援をおこなうのでしょうか。

1．人間信頼論

　人間観としてわかりやすいものに、北米の経営心理学者マグレガーのX理論とY理論があります。マグレガーは、労働場面でよくみられる2つの人間観に注目し、1960年にその著書『企業の人間的側面』で発表しました。労働の生産性には人間的な側面が深くかかわっていて、その人間観が経営にも影響を与えるというものです。

　X理論は、伝統的な経営の根底にあるとされる「人間なまけもの論」に立つ考え方で、人間は本来、労働が嫌いで、責任を取りたがらず、できるだけ楽をしようとする自己中心的な存在ととらえます。

　この理論によれば、労働者はそもそも働くことを避け、なまけた

いので、飴と鞭で機嫌をとり、強制的に命令し指示をしなければならないことになります。この人間観に立つと、教育や訓練の場でも職場でも、監督者は人を見張り、きちんと指示をし、進度をチェックする必要があることになります。この立場にいる人は、無意識のうちに相手がなまけないような布石を打ち、自分も他人から指導され命令されることを望み、厳格に統制され、強制されないと動かないことになります。いずれにしても、Ｘ理論を基にした人間観をもつ人は、人への対応が監視的・命令的になる傾向をもつようになります。

Ｙ理論は、逆に「人間信頼論」で、その人間観は、人間は先天的に課題を解決したり、アイディアを練ったりして働くことが好きであり、遊びと同じように労働もごく自然のものだと考えます。

この考えに立つと、人間は責任をもって自発的に仕事をしたいと望んでいて、遊ぶときと同じくらいに仕事のなかでも創意工夫をしたいと考えることになります。つまり、人間は周囲から邪魔が入らない限り、成長しようと自然の力を発揮するように、労働の場でも同様の労働力を発揮すると考えます。言い換えれば、仕事は遊びの延長であり、遊びに熱中できるのならば仕事も一生懸命したくなるものだと考えるのです。

私たちは、遊びと勉強は別のものと考えがちで、遊びは楽しく勉強は苦しいと思い込んだりします。しかし、Ｙ理論によれば、それは間違っていることになります。人間はそもそも、成長したり創造したり働いたりする意欲が備わっていて、その意欲が自然に発揮できるような状況に人々が身を置けることが大切だと考えるのです。

Ｘ理論・Ｙ理論は、日本でも知られている性悪説と性善説に通じ

る人間観です。マグレガーは「人間信頼論」の経営を強調していましたが、このような考え方のどちらかの立場をとるかによって、人間の接し方が変わることは想像に難くないでしょう。カウンセラーの人間観がX理論に近いものであるとしたら、人間不信を前提として相手に接することになるので、おそらくカウンセリングも指示や厳しい指導を伴ったものになる可能性があります。一方、カウンセラーがY理論に基づいてカウンセリングを行うとしたら、クライエントが生まれつきもっている成長力を信頼し、その力を発揮できるように環境を整えたり、能力を引き出したりするような支援をするのではないでしょうか。

2. 職業指導運動と教育測定運動の人間観

　職業指導とそれを支えてきた教育測定の運動にみる人間観の変化を取り上げていきます。

（1）職業指導の３つのプロセス

　これらの運動は、まず“職業指導の父”といわれているパーソンズによって始められました。パーソンズは、ボストン市に職業指導局を設立し、初めてカウンセリングという言葉を使って、現代のカウンセリングに近い専門的支援を開始し、その著書『職業の選択』のなかで職業指導のプロセスを紹介しています。

　パーソンズの著書のタイトルにあるvocationは日本では「職業」と訳されますが、語源のラテン語には「天から与えられた使命」「使命感をもって行う任務」という意味があります。英語圏では「天職」とか「使命」としての職業を意味し、「その人が自己を全うして生

きるためにいちばんふさわしい仕事と任務」と理解されています。
パーソンズが考えた職業指導とは、人々の vocation の選択のための適切な支援であり、それはパーソンズの人間観を反映した職業のとらえ方と受け取ることができます。

　当時、パーソンズは日本のハローワークのようなところで職業紹介を行っていましたが、求人という偶然のチャンスを利用して大人の経験と勘を頼りに仕事を紹介するというやり方に疑問をもっていました。とくに若者の就職支援をそのやり方で進めることは、若者のもてる才能が十分活用されず、本人にとっても雇用者にとっても、さらに、国の未来にとっても問題だと考えました。

　パーソンズは個人が自己を発揮して vocation に生きるためには、それまでのやり方では不十分で、科学的方法に基づいた選択と指導のプロセスが必要であると考えました。そのプロセスとは、①職業の分析、②個人の分析、そして、③カウンセリングです。パーソンズは、職業指導の方法として適材適所の考え方を取り入れ、「丸い釘は丸い穴に」というスローガンのもと、職業指導に3つのプロセスを導入しました。

　職業分析とは、ある職業にはどのような能力や適性が必要かを明確にすることです。丸い「釘」を打つ前に、その「穴」は丸いか、四角かを確認する必要があるというわけです。たとえば、パイロットは視力がよく、機敏でなければならないなど、1つの職業には必要にして十分な条件があり、その情報を準備しようとしたのです。

　個人の分析とは、「釘」すなわち個人は丸いのか、四角なのかを調べることです。つまり、仕事に就こうとしている人物がどのような能力、適性、どのようなすぐれた資質や技能をもっているかを明

15

確に把握することです。そして、釘が丸いこと（個人の特徴）がわかったら、丸い穴（職業）を探すことになります。それは職業分析と個人分析を結びつける作業であり、その第3の統合の作業をカウンセリングとよび、職業指導の中心にしました。

　当初、職業指導は、公的機関で行われていましたが、しだいに小学校から大学生までの子どもたちの進路指導のなかでも重要な支援として認められるようになり、教育界へと広がりました。1940年代には「職業カウンセリング」とも呼ばれ、職業指導とカウンセリングは重要な要素になりました。加えて、第二次世界大戦後、カウンセリングは若者だけではなく、障がい者、退役軍人や再就職や転職を希望する人々などからも求められるようになり、それらの多様なニーズに応えるために、教育界と産業界での必要かつ重要な心理支援として、独自の発展を遂げていきました。その発展に大きな貢献をしたのが、教育測定運動でした。

（2）教育測定運動

　私たちは、個人の特徴や能力を知ろうとするとき、他者と比べてみようとします。他者は自己評価の身近な物差しになります。ところが、自分らしさを知るには、もう一つの物差しが必要です。それは自分のなかにある能力や適性を比較し、確認するための物差しです。言い換えると、自分のなかにある他者と比べられない独自の精神性とも呼べるもので、使命感や人間観などが含まれています。vocationの選択には、他者と自己の能力や適性を比較することと、自己内の特性や志向性を知ることが必要です。

　そのような能力や特性を比較し測定する方法を「教育測定」とい

いますが、その方法は心理テストの発達によって大きく前進しました。1914 年、ソーンダイクは次のように述べて、教育測定運動を先導しました。ソーンダイクは、「すべて存在するものは量的に存在する。量的に存在するものはそれぞれ測定することができる」として、さまざまな心理テストを開発し、知能や特性を測定する試みを始めました。この教育測定運動は、第一次世界大戦の影響を受けて急速に発展しました。

　幸か不幸か、心理学という分野は戦争によって発展することが多いのです。国の命運を賭けて国同士が戦うには人間を有効に使わなければなりません。そこで、人間の研究が盛んになり、人間をもっと有効に活用するために、人間を測定する技術も発達します。たとえば、知能をなるべく正確に測定し、その知能をもっている人物は海軍に向いているか陸軍に向いているか、あるいは戦闘機のパイロットがよいかなど、適切に活用する方向を決めていくのです。

　戦時には、人間を測定する方法や手段を開発するために、心理学者が総動員されました。たとえば、スパイの適格者を選ぶといった場合には、かなり多くの心理測定の材料が使われます。そのために、さまざまな知能テストや性格テスト、または技能を測るテストが開発されていきました。米国では、1930 年代以降、戦争中に開発されたテストの考え方や技術は心理学者たちによって大学や民間の機関で活用され、生徒や学生の能力やパーソナリティの測定などが可能になりました。こうして教育測定運動は、第一次世界大戦から第二次世界大戦にかけて最盛期を迎えました。

　テストを活用して個々の人間の特徴を理解する教育測定は、職業指導の第二のプロセスである個人の分析に多大な貢献をしました。

職業指導運動の初期には、どちらかといえば職業分析のほうに力が注がれ、個人の分析は弱かったのですが、多様な心理テストの開発により職業指導が一段と充実し、この運動を促進させることになりました。

（3）心理テストの活用

　ただし、人間の精神面を測定することには限界があります。いくら精巧な知能テストでも、いくら工夫をこらした性格テストでも、ひとりの人間のもっている目にみえない能力を100%測定することは不可能です。また同じテストをしても、時間をおいて再度実施した場合に、まったく同じ結果が出るとは限りません。それほど精神面（こころ）の測定は難しいといえます。

　ところが、いったん教育測定の方法が確立し、テストが活用され始めると、テストの結果が絶対的な意味をもつことになりがちです。たとえば、ある生徒が、たまたま風邪をひいて頭が痛いときに受けた知能テストのIQが90だったとしましょう。本人は調子が悪いときにテストを受けたことを知っていても、それを教師に伝えなければ、教師はその生徒に知能の低い子どもというレッテルを貼ってしまうかもしれません。また、多くの高校生は学力テストの偏差値を基にして大学や学部の選択をしますが、偏差値というものは、学力テストの結果を他人と比べ、過去の同じようなテストの結果とも比較して、どの大学に入れるかの可能性を予測しようとするだけのものです。

　知能テストにしても学力テストの偏差値にしても、本来はおそらく生徒一人ひとりの自己理解を援け、進路選択に有効に利用しよう

とするものでした。ところが、数字で明確にされた結果は、絶対化されやすく、神聖視される傾向があります。「自分は偏差値が○○だから、△△大学に入れるはずだ」と思い込んで、何年も浪人を繰り返す生徒がいたりするのも、その例です。

　つまり、テストは自己理解や進路選択に非常に有効な手がかりであり、それなしに自分の適性、能力や学習の進度などはわからないといってもよいのですが、いったんそれが固定化し、人間にレッテルを貼るような方向で使われ始めると、人間の可能性を探るどころか、人間をある枠に閉じ込め、規定してしまう手段になりかねません。とくに、性格テストの結果、「異常」というレッテルを貼られるようなことになったり、偏差値の例のように絶対化されたりすると、テストはかえって有害になります。

　そのような限界を防ぐために職業指導の分野では、個人の分析にあたっては、能力検査だけでなく職業選択に密接にかかわる職業興味テストや個人の価値観の質問紙などが加わり、さらにロールシャッハ・テストやTATなど、数値が絶対化されにくく、微妙な精神的特性を調べる方法も開発されてきました。

　教育測定や心理検査は、人間の可能性を閉じ込める材料にも、開放する材料にも使われうるということです。カウンセリングにおいては、カウンセラーがどんな心理検査を選び、それぞれのテストの結果をどのように解釈するか。そして、実施したテスト・バッテリー（心理検査の組み合わせ）をどのように活用するかが重要なポイントになります。米国のスクールカウンセラーの訓練には、かならず心理検査の訓練が含まれています。教育測定運動の成果はカウンセリングを科学的な実践として精緻化すると同時に、その根本理念

や人間観をあらためて問うことにも貢献しました。

　ちなみに、1970年代以降、職業を「生涯の生き方」というニュアンスでとらえる傾向が強まり、カウンセリングという支援は職業指導の一環というよりは生き方（career）の支援という意味になり、キャリア・カウンセリングと呼ばれています。

　現在、米国の教育界と産業界では、キャリア・カウンセリングの視点からカウンセリングが非常に重視されており、カウンセリングの定義や変遷や学会の活動にも大きな変革をもたらしています。

　職業指導から始まってキャリア・カウンセリングに至る支援の展開には、職業を含めた個人の生涯を自己の可能性の最大の実現としてとらえる人間観が貫かれています。そして、この考え方のもとでカウンセリングを実施することは、人間の可能性とは何か、それを最大に発揮するための支援とは何かという問いに答えていくということになります。

3. 精神衛生運動の人間観

　カウンセリングの発展に寄与した3つめの動きは、「精神衛生運動」と呼ばれるものです。これは1908年、ビアーズが『わが魂にあうまで』という本を書き、「全国精神衛生協会」をつくったときに始まったとされています。

　ビアーズは、うつ病で4度の入退院を繰り返した経験から、うつ病の人が内的世界でどのようなことを体験しているかをみずから知ることができました。それまで精神科医は、うつ病患者の話を他者の体験としてしか聞くことができず、患者の待遇はひどいものだったといわれています。精神の病の世界は外面的行動によって判断

されやすく、患者が「異常」扱いをされることが多かったようです。言動が常識からみて普通でなかったり理解できなかったりすると、「異常」というレッテルを貼られ、監視されていたりしました。

　ところが、ビアーズは、自身がうつ病になったことにより、うつ病患者の内的世界を体験できました。しかも精神科病院がそのような内的世界をまったく理解せずに、ひどい待遇をしていることに気づき、精神科病院の患者たちの待遇改善運動を始めました。檻のなかに閉じ込められていた「精神病患者」といわれる人たちに対して、精神衛生という観点から理解を深め、病気に対する考え方を変え、精神的不健康の予防、精神的健康維持のための運動を始めました。

　ビアーズは、うつ病患者が内的世界のなかで　―それは主観的世界なのですが―　どれほど苦しみ、つらい思いをしているかを公にし、その人たちの内的世界を理解したうえで、治療や対応がなされなければならないと主張しました。それと同時に、精神的不健康の予防という観点にまで思いを馳せていきました。つまり、精神的健康を維持するための予防と、精神的不健康に陥った人々の内的世界を理解したうえで、両面からの支援の必要性を説きました。

　ここにきて初めて、心理療法が精神障がい者の内的世界を援助する方向で考えられるようになったといえます。人を外側から理解しようとするのではなく、理解困難で「異常」とみえる言動でも内側から理解しようとすれば了解が可能だということが明確になりました。このことで、人間理解が各段に進んだといえます。

　精神衛生運動は、その後のカウンセリングに大きな影響を及ぼしました。これまで述べてきた 2 つの運動の人間観に加えて、この第 3 の運動の人間観によって、カウンセリングという心理的支援はよ

りトータルな視点からの人間観に前進したといえます。

　初期の職業指導運動と教育測定運動のなかで活用されていた方法では、指導の対象となる人間の支援は科学的理解によるものでありました。すなわち、患者とかクライエント、あるいは来談者（生徒などを含め、職業を選ぶにあたって指導を必要としている人）を客観的に評価し、それを基にした指導という観点から発達してきた理論と方法です。カウンセリングは、専門的な教育を受けた人間が、科学的に人間を診断して問題の原因を探究し、将来の予想を立てて助言・指導するというニュアンスが強かったようです。

　もし今、カウンセラーの仕事が人の問題や症状の原因とか深刻さを判断し、それに対して適切な処置を行うことと受け取られているならば、それはこうした 20 世紀前半のカウンセリングのことといえます。それはカウンセラー主導型であり、ちょうど医者が病気の人を診断するように多くのテストを実施し、生育史、既往症、あるいは家族関係などを調べて診断の材料を集め、専門家としての判断により指導するという色が濃く出されていました。さらに、専門性が強調されるにつれて、カウンセラーはなんでもわかっていて、クライエントにどう生きたらいいのかを教えてくれる人というニュアンスが強くなっていきました。

　そのような傾向に新たな観点を加えたのが精神衛生運動でした。専門家であってもクライエント本人の協力や意志なしには、真に人を理解することができないこと、そして、真の人間理解なしには、援助も指導も適切なものになりえないことが明らかになっていきました。

　以上の３つの運動は、人間理解の重要性とその基礎となる人間観

の重さを示しています。カウンセリングは、ひとりの人間の生き方にかかわるがゆえに、カウンセラーとは、自身の人間観と、その表現としての支援と専門性が問われる職業といえます。

4．人間性心理学の人間観

　これまで説明してきました動きにさらなる影響を与えたのが、米国における人間性心理学の展開です。この心理学は人間の主体性・創造性・自己実現といった肯定的側面を人間の本来の姿として強調した、マズローを旗手として展開された 1960 年代の心理学の潮流です。

（1）マズローの人間観

　マズローは、人間性をとても重視した心理学者であり、「人間は生まれながらにして、より成長しよう、自分のもてるものを最高に発揮しようという自己実現の動機づけをもつ」という考え方に立って研究を始め、その理論に基づいた心理学をうち立てました。この「動機づけの理論」は、マグレガーをはじめ多くの心理学者の人間観に大きな影響を与えたとされています。

　マズローによれば、心理学は 2 種類あり、その 1 つは D 心理学と呼ばれるべきものだといいます。D 心理学の D は deficiency の頭文字で、「欠乏」とか「欠損」という意味です。マズローは、「従来の心理学は、人間の足りないところや欠けたところの研究を中心に発展しており、人間に何が不足するとどんな障がいが起きるかが主な関心事であった」と述べています。その典型的なものの 1 つが精神分析であって、精神分析は幼児期に何かが欠けると本人の精神に

23

影響が残るという観点からのみ人間を研究してきたといいます。マズローは、そうした人間の欠けた部分、異常な動きや病理を研究することも確かに大切ですが、それでは人間を半分しか研究したに過ぎないと説き、B心理学を提唱しました。

　B心理学のBはbeingの頭文字で、「人間存在」という意味です。彼は、心理学の研究課題としてD心理学の領域よりも重要なのは、人間がより成長しようとする側面であり、人間存在そのものをもっと積極的で、可能性に満ちたものととらえるべきだと強調しました。そして、心理学を完成させるためにはB心理学の研究が緊急の課題であるとして、そちらの研究にエネルギーを注ぎ、「自己実現」ということを強調して、その観点から心理学をうち立てました。

　自己実現とは、「自分のなかに潜む可能性を十分に発揮して生きよう」とか、「自分を最高限度まで実現しよう」とすることです。「天賦のものを全うする」とか「与えられた賜物を十分に生かす」という意味をもちます。人間の本性は、それぞれがもてる能力や志向性を最高に発揮して生きることにあると受けとめ、人間の「自己実現の欲求」の研究を基盤にした心理学を確立しました。

　「自己実現の欲求」とは、自分に欠けていたり不足しているところを補おうとする欲求ではなく、自分に与えられたものを十分に活かして生きようとする欲求であり、人と比較したり、自分の欠点を苦にしたりするのではなく、主体性をもって自分のありのままの姿を理解し、受け入れ、それをよしとして、その生き方を貫こうとする欲求のことをいいます。

（2）ロジャーズの人間観

　ロジャーズは、1942年の著書『カウンセリングと心理療法』で、すでに来談者のことを患者とは呼ばずにクライエントと呼んでいました。1951年『クライエント中心療法』という本を書いて、「来談者中心」という理論を展開しました。そこでは、「従来行われてきたカウンセリングは、指示的なカウンセリングではないか。つまり、カウンセラーが中心で、『ああせよ』『こうせよ』と指示する傾向が強いカウンセラーではないか」と批判し、自分のカウンセリングは非指示的（のちに「来談者中心」に改められる）で、クライエントの成長の力を信じ、その力と決断力を中心に進めるカウンセリングであると主張して、その理論と方法を支える人間観を強調しています。

　ロジャーズはもともと精神分析の訓練を受けていて、どちらかというと人間を悲観的・宿命的にみることを学んでいました。つまり、精神分析は「人間は本能の塊であり、本能は奔放でコントロールが難しい」と考えます。そこで人間は「本能をいかにうまくコントロールして、自分にふさわしく発揮させていくかを学ばなければならない」という人間観に立っています。つまり、精神分析の考え方は「人間は本能にエネルギーをもらって理性や良心を培っていく」というものであり、どちらかというとX理論に近いといえます。

　ただ、ロジャーズが影響を受けた精神分析家ランクは、精神分析の流れをくみながら、クライエントに自己の意志を主張することを習得させることを目的とした意志療法を提唱していて、ロジャーズはそのランクの影響を受けていました。

　ロジャーズが最初にカウンセリングを実践したところは児童相

談所でした。当時、児童相談所は子どもの相談を受けるところで、子どもは必ず母親に伴われて来談し、相談は親子双方に対して行われていました。子どもに対しては情緒が不安定な子どもや問題行動をもつ子どもの支援などが専門家によって実施され、その間、母親への指導・相談が行われます。自然の流れとして、母親相談は、子どもに日常どのように接していったらよいかとか、子どもの言動の意味をとらえ、どのように接するかといった指導が中心でした。

　ところが彼は、ある母親とのカウンセリングの躓きをきっかけに「来談者中心」という考え方をもつようになりました。

　その母親の子どもは多動症で、静かに座っていなければならない集団教育の場で、終始動いてしまう症状をもっていて、情緒的な問題への支援がおこなわれていました。ロジャーズは母親のカウンセリングを担当していましたが、そのうち、自分の対応が効果のないことに気がついて、正直に「このカウンセリングはあまり効果がないように思う」と伝えました。母親も同意し、カウンセリングを中断することにしました。

　ところが、母親が相談室のドアを出ようとしたとき、ふと立ち止まり、「ここでは大人のカウンセリングはしないのですか?」とたずねてきました。母親は「実は、子どものことよりも私のことを話したい」と言い、今まで話してきたこととはまるで異なる、自分の幼いころからの生活史や現在の夫婦関係など、自分の悩みや問題を訴え始めました。そして、それが子どもに影響しているのではないかとうすうす感じていた、と語りました。その後、その母親のカウンセリングが続けられ、母親が自分の問題を解決していくにしたがって、子どもも落ち着いてきました。

　以後、彼は、クライエントは問題の所在を知っていて、問題をどう解決し、どのように生きていくかを真剣に考え、自分のなかで育んでいくことに確信をもつようになりました。そして、クライエント本人のもてる力を尊重し、本人の意志の開発を中心とした来談者中心療法の支援法を開発しました。それは、人間の自己実現傾向を十分発揮できるよう側面から支援する人間性心理学の考え方と軌を一にしています。また、専門家はすべてを知っているわけではないという精神衛生運動を開始したビアーズの人間観にも通じています。

コラム1：カウンセラーとはどんな人？

カウンセラーは、常に、「カウンセリングとは何か？」を問い続けています。長期間にわたる困難な支援は、単なる親切心では支えることができないからです。カウンセラーは人の相談にのっているとはいえ、他の人に比べて特別な精神力をもっているわけでもなく、余裕があるわけでもありません。そのような状態で、どのようにして人を援助していくのでしょうか。

私たちカウンセラーのところに相談に訪れる人たちは、悩みや苦しみの解決策を求めてきます。しかし、カウンセラーは悩みや苦しみを解消する特効薬をもっているわけではありません。ここにギャップが生じてしまい、相談に来た人たちは、一時的な緊張状態に陥るのです。

カウンセラーに相談すれば、特効薬が手に入ると思うからこそ、他人には知られたくない心の弱みを話したのに、期待はずれに終わることが原因で緊張状態に陥るのです。カウンセラーは、いくらアドバイスを求められたとしても、実際にできることは、丁寧に話を聴くことだけなのです。

カウンセリングは相手の話を正確に聴こうとする営みです。言葉だけではなく、その言葉が、語り手の人生のある時点で語られた意味を見出す営みです。相談に来た人は、カウンセラーに対して話していると思っていますが、実は、自分自身に語りかけているのです。カウンセリングは、このように自分自身との会話であり、自分自身の声を正確に聴き、自分自身と向き合う時間を提供するのです。

カウンセラーが話し手に関心を示すことで、自分との対話がうまれるのです。初めは、意識されていることから表現されますが、こころの覆いが取り除かれるにつれて、関心がこころの奥深くまで浸透し、無意識的に目を

背けてきた気持ちが顔を出すのです。

　しかし、表現されたことは簡単には理解できません。長期間閉じ込められていたため、変形している場合が多いのです。ですから、カウンセラーは表現された言葉に句読点をつけ、段落を区切って復元しようとするのです。途切れなく続く文章は読みたくありませんが、句読点がつけば読んでみようかな？　という意欲が沸いてくるのです。

　「みるのは怖い。しかし、みなくては先に進むことができない」という葛藤に苦しみながら、過去に封印された感情が語られます。カウンセラーはそうした勇気に敬意を表しながら、複雑に変形してしまった表現を解読して、相談者に対して、「あなたが言いたいことはこういうことですか？」と示すのです。

　もうひとつ、カウンセラーは評価の物差しの基準を下げる人でもあるのです。我々は、物事がうまくいかないと、努力が足りないと考えがちです。そのため、カウンセラーでない人に相談すると、「もっと頑張りなさい」といわれます。どれだけやれば充分かという感覚は、個人差があります。それは自分なりの評価の物差しで判断するからです。

　相談に訪れる人の多くは、到底達成できない目標を掲げ、その規準から判断し、自分はだめであると判断していることも多いのです。このときの規準は、幼い頃、両親の目を借りて自己評価した物差しがそのまま残っていることが多いのです。

　カウンセリングでは、物差しをその人の現在の年齢に合わせて作りかえることを手伝います。過去の規準に人を合わせるのではなく、現実の人に規準を合わせるのです。ただし、規準の下げる方法を「甘い」と酷評する人もいます。しかし、それはカウンセラーが甘いのではなく、苦しみの原因

が現実離れした高い規準にあるからなのです。規準を下げると、特別の才能や世間を驚かすような成果をあげなくても「こんな自分でもいいのか」と認めやすくなります。

　人は、次々に襲ってくる人生の懸案事項を、いつも見事に解決しなくてもよいのです。先送りしたりやり過ごしたりしながら、かろうじてもちこたえれば充分なのです。

　カウンセラーも、落ち込みうろたえながら生きているのですが、幸いにして、物差しの規準が低いため、自分を否定したり隠したりする必要もなく生きているのです。

> ## コラム２：カウンセラーの常識・世間の非常識

　カウンセラーは、ときとして世間の常識とは異なる発言を繰り返すため、社会から煙たがられる存在であると認識しています。たとえば、世間的に望ましい子どもの姿について「近所の人に挨拶し、家の手伝いを積極的に行い、勉強もしっかりする」などという考えを聞くと、私はなんとなくうさん臭く感じてしまうのです。

　子どもが不登校になれば、親は必死になって学校に行かせようとしますし、先生方は家まで迎えに来ることもあります。しかし、カウンセラーは不登校であることを支援します。これでは、嫌われて当然ですよね。

　世間一般とカウンセラーとの間に大きな見解の相違があるとすれば、それは甘えとか迷惑という考えだと思います。世間一般では、甘えは子どもの特性で、成長するにしたがって甘えなくなるのがよいことであると考えているようです。果たしてそうでしょうか？　大人も甘えたいのではないでしょ

うか。

　甘えるという行為は、人間関係で重要な役割を果たします。甘える子どもはとても可愛くみえますから、どんなに子育てが辛くても、子育てのなかに喜びや楽しさを見出すことができます。

　子どもの甘えと大人の甘えには違いがあると思うのです。子どもが甘える場合には、ところ構わず、相手の都合も考えずに甘えたいときに甘えてきます。しかし、大人になると、相手が忙しいときには我慢したり、プレゼントをしたりして形を変えて甘えを表現することができるようになります。当然、自分が甘えを受け止める側に回ることもできます。

　このような大人の甘えが身につくためには、子どもの時代に十分に甘えておくことが必要になります。ですから、子育てをするときに、「甘えるな」ではなく、たっぷりと上手に甘える方法を一緒に考えることが必要になります。

　「人に迷惑をかけるな」という言葉も、私たちカウンセラーは使いません。この言葉は、「人が嫌がることをしない」というしつけにつながっていきます。

　人に迷惑をかけないことをしつけで身につけても、現実的には力になりません。人は小さな迷惑をかけたりかけられたりする体験を繰り返し、「人が嫌がることはあまりしないほうがよい」という知恵を身につけていきます。同じことをしつけにより身につけられた人は、自分は人に迷惑をかけたことがないと思っていますから、迷惑をかけられると腹を立て、ちょっとしたことでも気にしてしまい、寛容さに乏しくなります。ところが、人に迷惑をかけながら知恵を身につけた人は、自分も迷惑をかけてきたわけであるから、多少人から迷惑をかけられてもある程度は許せるのです。

生きていれば誰だって迷惑をかけます。自分がしたいことをすればかならず誰かと利害が対立します。人に迷惑をかけてはいけないと引いてばかりいては、自己成長はありえません。ですから、人に迷惑をかけないというしつけは、子どもに対して「自分らしさをもつな」といっていることと同じなのです。

　人に迷惑をかけないように気を遣い、迷惑をかけたのではと気にしながら生きていくよりも、お互いにそれなりに迷惑をかけあいながら生きていることを許しあえる寛容さがあったほうがどれほど救われるでしょう。現実的には、生きている以上、どのように気配りしても何らかの迷惑をかけて生き続けるのです。

　このようなことばかり言っているからカウンセラーは煙たがられるのでしょうね。しかし、相談者が肩の力を抜いて生きていくにはどうしたらいいのかという課題を解決するためのひとつの知恵ともいえる考え方として心に留めていただけるとありがたいと思います。

> ## コラム３：カウンセリングの世界に存在しないもの
> ### 「頑張るな？」とはどういうこと？

　私たちカウンセラーは決して、「頑張れ」という言葉を使いません。人は生まれてから死ぬまで、たとえどのような状況にあろうとも、できることを精一杯やっています。ですから、それ以上頑張ることは無理なのです。生きている限り、どんなに一生懸命やっていても不都合は避けられません。私たちの前に立ちふさがる不都合は、さまざまな要因が重なり合って起こるため、個人の努力が足りないとは単純に言い切れません。ゆえに、「頑張

れ！頑張れ！」では解決することはありませんし、励ましが余計に人を苦しめる結果につながることもあります。

　同様に、カウンセリングでは「愛情」という言葉を使いません。たとえば、親子の関係性がうまくいかないとき、親の子どもに対する愛情が不足しているという説明はしません。愛情は本来、誰のこころのなかにもあります。それがうまく発揮されたとすれば、あたかも魔法の杖のように、葛藤のない理想的な親子関係を形成するということはまずありえません。

　たとえ、わが子であっても絶えず気配りをし、言葉を交わしあい、細部にわたって世話をする必要があります。それでも、一緒に暮らしていれば考え方に相違が生じてしまい、喧嘩が絶えないような状況もありえます。皆さんも経験なされているのではないでしょうか。

　「親友」という言葉もカウンセリングの世界では用いません。人間関係というものは絶えず流動的であり、どのような親密な関係であったとしても常に相手を尊敬・尊重し配慮の対象とするべきでしょう。たとえば、一度親友と称する関係が成立すれば、その関係性に亀裂が生じないということは絶対にありえません。だから、「私には親友と呼べるような安心できる対象がいない」と悩みカウンセリングを希望する人は、やや冷たい言い方かもしれませんが、ないものねだりをしていると考えてよいでしょう。

　カウンセリングでは「幸福」や「幸せ」という言葉も使いません。人は瞬間的に幸福だと感じたりする場合はありますが、持続的に幸福な状態ということはありえないと思います。皆さん自身、振り返ってみてください。

　幸福や幸せだと感じることは、結果的に、あるいは何かに伴って時々感じることはあるでしょうが、それ自体を目標として追い求めることは困難かと思います。

たとえば、日常生活の身近な人とのやり取りのなかで、さりげないひとことが気持ちよく伝わりこころのこもった感謝の言葉が返ってきたり、道を歩いていたりしたときに、道端に咲く季節感漂う草花の香りにこころが和む瞬間などに、私たちは幸福を味わうのではないでしょうか。

　人が当たり前のように日常生活を営むことさえ至難の技である昨今。そこにきて、現実に存在しないものを追及していくことがどれほど大変なことか。現実に存在しないわけですから、どのように努力しても、永遠に手に入れることは不可能だと思うのです。

　幸福・愛情・親友に限らず、これさえ手に入れてしまえば、その後悩むこともなく安心して生活できる保障などどこにもありません。人は生きていく以上、常にこころが煩わされることに遭遇するのが普通のことであり、不安定な状態に身を置くことになるのです。

　これさえ手に入れてしまえば人生がうまくいくというような、魔法の杖のようなものは存在しません。幻想に惑わされて、自分や周りの人の苦しみを増やさないようにすることも、これからの生き方では必要なことかも知れません。

第2章

カウンセリングとは

1．カウンセリングを学ぶ

◆カウンセリングを学ぶと人生が変わる

　私は、たくさんの人にカウンセリングの学習をしてほしいと思っています。それは、ひとりでも多くの方にカウンセラーになってほしいからではありません。カウンセリングを学ぶと、「人生が豊かになる」からです。

　私は、カウンセリングの学習とほかの学問やお稽古ごとの学習と最も違う点はこの点にある、と思っています。

　たとえば、歴史の学びを続けることで教養が深まり、人間洞察も深まっていく、ということはもちろんあるでしょう。戦国時代の武将の生き方を深く知ることで、人生の大きな指針を得た、という方は少なくないでしょう。歴史を学ぶことも、もちろん、人生の役に立つのです。しかし、カウンセリングの学習はもっとダイレクトに、そして、本人も予想しなかったほど、深く人生を変えていくのです。

　では、カウンセリングを学ぶと、どのように人生が変わるのでしょうか。

　まず、最初に起こる表面的な変化は、「人の話をていねいに聴けるようになる」という変化です。

　人の話を聴けない人は嫌われます。なぜならば、人間はみな、どこかさみしがり屋でわがままなところがあり、自分の話をしたがるからです。人の話を聴くより、自分の話をするほうが、多くの人は楽しいものなのです。だから、自分の話ばかりして人の話を聴かな

い人は、自己中心的な人とみなされて嫌われがちです。

　とくに男性は女性よりも人の話を聴くことが苦手な人が多いといわれます。「夫は私の話を聴いてくれない」と不満を言う配偶者の方は少なくありません。

　カウンセリングの中心の1つは、傾聴です。こころを傾け、虚心に相手の気持ちに寄り添いながら、話を聴かせていただくことです。

　この姿勢と技術を身につけることができると、日常生活の人間関係がよくなります。

　夫婦関係がよくなり、親子関係がよくなるでしょう。息子さんは「お母さん、最近、ぼくの気持ちをわかってくれるようになった。前は頭ごなしに怒鳴られてばかりいて、まいっていたけど、最近、ぼくの話もゆっくり聴いてくれるようになった」と感じるかもしれません。

　職場の人間関係もよくなるでしょうし、恋人や友人との関係もよくなることでしょう。

　けれども、カウンセリングを学ぶことで「人生が変わる」というのは、もっと深い、劇的な変化を意味しています。

◆自分をみつめる

　カウンセリング学習の、最も重要な柱の1つは、「自分を、みつめること」です。「自分自身のこころの動き、こころの声をていねいにみつめ、自分自身の内側へ深く、深く入っていき、自分の内側深くからのこころのメッセージをていねいに聴いていく」という取り組みです。

こうした学習に真剣に取り組み続けることで、人生が大きく変わり始めるのです。

　他人からどうみられるか、他者からの評価や世間体ばかりを気にしていた人が、それを以前ほどは気にしなくなります。

　一般的な常識や道徳にとらわれていて、いつも「〇〇すべき！」と、頑なに人生を生きてきた人のこころが柔らかくなっていき、とらわれのいない自由なこころのもち主になっていきます。

　そして、より深く自分自身のこころに耳を傾けて、より自分らしい生き方ができるようになっていきます。

　「あぁ、これが私だ！」「私ってこういう人だったんだ！」と日々実感できるような「自分らしい生き方」ができるようになっていくのです。

　そして、より深く自分のなかに入っていくことによって、自分の内面深くのこころの「深い」ところから、自分自身を生きていくことができるようになっていくのです。

　また、そのようにして「自分のこころの声をより深く聴きながら、より自分らしく生きることができるようになった者」同士が、お互いに深くふれあい、つながりながら学習を進めていくことができる点も、カウンセリング学習の大きな魅力です。

　カウンセリングを学ぶなかで出会った友人が、今までの友人関係のなかで最も深くつながりあえ、支えあうことのできる友人になった、という人は少なくありません。

　だからでしょう。カウンセリングの学習を、いったん、ある程度深く進めていった人の多くは、この世界からぬけ出ることができな

くなっていきます。カウンセリングを深く学び、その魅力にとりつかれた人の少なからずが、「もう、カウンセリングとのつながりなしでは、生きていけない」ようになっていくのです。

　カウンセリングの世界はそれほど深く、また魅惑的な世界なのです。

２．カウンセリングの定義

　カウンセリングの定義について、私は次のように考えています。

　「カウンセリングとは、人生の問題を抱えたクライエントが、その問題に取り組むことを通してみずからのこころの声に耳を傾け、さまざまな気づきや学びを得て自己成長していくプロセスを、専門的な学習を経たカウンセラーが、一定の時間と空間のなかで援助していく人間関係である」と。このことについて、次に少し説明します。

◆カウンセリングの３つの枠について

　カウンセリングには、①時間の枠、②空間の枠、③ルールの枠、という３つの枠に守られた独自の構造があります。その構造に守られ、支えられて、いわゆる「心理カウンセリング（心理面接）」は可能になるのです。

　具体的にいえば、「時間の枠」というのは、週に１回50分といった（長さや頻度はカウンセラーやクライエントによって個別に異なります）固定された時間枠のなかでしかお会いしない、ということ

です。「気が向いたらいつでもどうぞ」というものではないのです。

　「空間の枠」というのは、一定の場所、たとえばカウンセリング・ルームという場所以外ではお会いしない、ということです。

　たとえば、クライエントの希望があっても、本当に特別なことがない限り、カフェなどではお会いしません。デパートで買い物中に出会っても、会釈くらいはしますが、長い立ち話もしません。それどころか、面接室を一歩出たら、歩きながら話す、などということもしないものです。

　カウンセリング・ルームという「特別な場所」だけでお会いするからこそ、「特別な関係」になり、そこでしか話せない話を安心して守られた雰囲気のなかで話すことができるようになるのです。また、カウンセリング・ルームという「守られた場所」で話をしているからこそ、なぜか気持ちがググッっと深まっていき、それまでとは異なる深さで、話をすることができるのです。

　さらに、「ルールの枠」があることで、クライエントは、そこで話された話は、どこにも漏らされることがない、という「守秘のルール」がもたらす安心感を得ることができます。それだからこそ、クライエントは、自分と深く向き合っていくことができるのです。

◆成長モデル

　この定義では、いわゆる「治療モデル」や「問題解決モデル」には立たずに、「成長モデル」に立って、カウンセリングを定義しています。カウンセリングの本質は、問題解決や症状の除去以上に、クライエントの自己成長、人間としての成長にある、と考えている

からです。

　もちろん、問題が解決すること（例：不登校だったお子さんが登校できるようになる）、症状が除去されること（例：人前で話すときに震えが止まらなかった人が、震えずに話ができるようになる）といったことが起これば、それは喜ばしいことです。

　しかし、カウンセリングの長いプロセスのなかでは、クライエントの方が、当初「これが問題です」と語っていたことが、カウンセリングの経過にともなって、真の問題でないことに気づかれて、より本質的な問題に取り組み始める、というのはよくあることです。

　「問題」であったことが、事実としてなくなったわけではないのですが、「問題」としての意味を失って、「問題」ではなくなる、ということがしばしば起こるのです（例：かつては「結婚もできない自分なんて、もう死んでしまったほうがいい」と語っていた40代の女性が、カウンセリングを受けた後で、1年後に「早く結婚しなかったからこそ学べたこともある」と肯定的に受け止められるようになっていた）。

　そしてこうしたことは、カウンセリングのなかで必死に自分と向き合ってきた、クライエントの自己成長の結果、おのずと生じてくることなのです。

3．人生相談とカウンセリングの違いについて

　カウンセリングとは何か。その本質を理解するうえで役立つのが、人生相談との違いについて考えてみることだと思います。

　カウンセリングと人生相談は、似ているところももちろん、たく

さんあります。まず、どちらも人生に悩みや迷いを抱えた方が対象になります。

　「離婚すべきかどうか、悩んでいる」「子育ての方法がわからない」「就職先に迷っている」「職場の上司との人間関係に悩んでいる」……。

　こうした「人生の問題」「悩み」を抱えている人が、人生相談やカウンセリングを受けにやってくるのです。では、両者の違いはどこにあるのでしょうか。

　多くの人生相談では、回答者が個人的な価値観や自分の経験からアドバイスをします。カウンセリングの理論や方法といった学問的な裏づけは何もありません。

　しかも、一方的なアドバイスが中心で、相談者のペースに沿って相談を進めていくといったことはありません。「答え」はあくまで相談の回答者が「与える」ものなのです。

　一方、カウンセリングでは、一定の専門的なトレーニングを受けてきたカウンセラーが、さまざまな心理学の理論と技法を駆使しておこなっていきます。

　さらに、一方的なアドバイスを与え続けるのではなく、相談に訪れた本人自身が自分をみつめ、自分と対話し、みずからのこころの声に深く耳を傾けていきます。そして、そこで得た自分や人生についての気づき、こころのメッセージをもとにして、「自分がこれからどうするか」「どのように生きていくか」を自分自身で決めていきます。

　カウンセリングの中心は、相談に来られたクライエントの方が、

自分をみつめ、「自己探索」していき、こころの声を聴いて「自己決定」していく体験のプロセスにあるのです。

　両者の異同を一言でいうと、相談に来る人の悩みの内容はかなり重複するところがあるものの、人生相談は回答者の個人的な経験や価値観に基づくアドバイスが中心です。

　一方、カウンセリングは、専門家としてのトレーニングを受けたカウンセラーがおこなう活動で、アドバイスよりもむしろ、相手の気持ちにていねいに寄り添って、話を聴かせていただくこと（傾聴）が中心です。カウンセリングは、それによって、相談に来たクライエントの方が、みずからをみつめ、自己探索を深めていき、自己決定に至るプロセスを支えることが目的となるのです。

　つまり、カウンセリングのエッセンスは、「自分を深くみつめ、みずからのこころの声を聴かせていただく（自己探索）」というクライエントの体験のプロセスに寄り添いながら、話を虚心に聴かせていただくこと（傾聴）にあるのです。

4．傾聴の意味

◆話を聴かせていただく

　私たちは、人生のさまざまな問題に直面しているとき、すなわち、「もうだめかもしれない」と思ったり、「いったいどうすればいいのか、わからない」と困惑しているとき、誰かに話を聴いてほしくなります。その相手は、友人であったり、家族であったり、同僚であったりするでしょう。恋人や昔の友人であったりすることもある

かもしれません。

　けれども、本当に悩み苦しむ人のかたわらにいて、「こころを込めてその方のお話を聴かせていただく、受け止める」ということは、そう簡単なことではありません。悩んでいる人は、その悩みが本当につらく苦しいものだからこそ、自分の悩み苦しみをきちんとわかってもらいたい、正確に理解して受け止めてほしい、と思っています。そのため、なんだかわかってもらえていない感じを抱いたり、自分の気持ちにそぐわないことを言われたりすると、「どうせ、あなたにはわかってもらえないから」という気持ちになってしまいがちです。悩んでいる人は、自分の気持ちを聴いてくれる相手がどんな姿勢で聴いてくれるのか、何を言ってくれるのか、ものすごく敏感に感じるものです。

◆話を聴かせていただく３つのポイント

　それでは、そういうときに、どんな姿勢で聴かせていただくことが重要なのでしょうか。ここでは、３つのポイントを挙げて説明させていただきます。

　１つめは、「余計なことを言わない」ということです。相手の話を聴かせていただくときに、重要なのは「何を言うか」ということ以上に、「どんなふうに相手の気持ちに寄り添って聴かせていただく」ということ。そして「何を言わないか」ということなのです。

　学校の教師が、いじめられて悩んでいる生徒の話を聴かせていただいている場面でよくあることなのですが、生徒はただつらい気持ちをわかってほしくて話しているのに、５分もすれば「励ましモー

ド」に入ってしまいます。「そんなの、気にしなければいいじゃない」「もっと強くなりなさい！」などと言うのです。

　もちろん教師としては、生徒のためを思って言っているのですが、生徒の側からすると、「わかってくれない！」という気持ちばかりが強くなってしまいます。親子の会話でもよくあることではないでしょうか。

　2つめのポイントは、「解決しようとするな。わかろうとせよ」です。悩みを話してくれた相手に対して、何とか役に立とうと、「それはこうすればいいんじゃないかな」「それはこういうことだよ」と、すぐにアドバイスする人がいます。もちろん善意でそうしているのですが、言われたほうは、かえってつらくなることがあります。

　たとえば、夫婦の会話を例にして考えてみましょう。

妻：最近、私、なんか気がめいっちゃって。何をしても面白くないというか。ぜんぜん気持ちが晴れないの……。
夫：それはうつっていうんだよ。そのままにしていると大変な病気になって、死にたくなることもあるみたいだから、早めに病院に行くといいよ。

　ご主人のアドバイスはけっして間違ったことを言っているわけではありません。うつに早めに対応することは、たしかにとても重要です。けれども、奥様としてはけっしてそんなことを言ってほしかったわけではありません。まずは、気持ちをわかってほしかっただけなのです。それなのに、先走ってアドバイスをされると、それ

がどれほど正しい内容のアドバイスであっても、「気持ちのズレ」だけが残ってしまうものです。

　3つめのポイントは、「不思善悪」、すなわち善悪の価値判断をしない、ということです。これはとても難しいものです。

　たとえば、ある女性が妻子ある男性を好きになってしまったとしましょう。その悩みをあなたに打ち明けたのです。もちろん、不倫は賞賛されるべき行為ではありません。けれども、本人としても、単なる興味本位ではなく、本当に相手の男性を好きになってしまい、その気持ちがどうしようもなくて、あなたに相談してきたのです。こんなとき、あなたはどのように対応するでしょうか。

　「それはよくないことだよ」と言って切り捨てるのは簡単なことでしょう。けれども、本人もそれが道徳的に問題のあることは十分にわかっているのです。でも、自分でもどうしようもない気持ちが込み上げてくる……。こんなとき「善悪」にとらわれていては、相手の話を聴くことができなくなってしまいます。大切なのは、「自分でもよくないことだとわかっているのですね。でも、相手の男性への気持ちを抑えることができない。その気持ちをどうすればいいか、自分でもわからなくて、それで困っておられるのですね」と、相手の気持ちに寄り添い、十分受け止めていくことです。

　ご家族の問題でも、同様です。「してはいけないこと」だということはよくわかっている。それなのに、つい「してしまう」ことが人生にはつきものです。だから悩んで、相談してくれたのです。にもかかわらず、「それはいけないことだ！」と一刀両断にされたのでは、本人は、ますます追いつめられてしまいます。「してはいけ

ない、とわかっていても、してしまう」。その気持ちを十分にわかってあげることが大切です。

　そして、そのようにして、十分に寄り添いながら話を聴いてもらっていると、人はなぜか、自分のこころに素直になることができていきます。価値判断をしたり、アドバイスしたりすることなく、ただ、自分の気持ちをわかろうと傾聴してくれる人がそばにいてくれると、人はなぜか、スッと自分の気持ちに素直になることができていきます。そして、自分の内なる声に耳を傾け始めるのです。「自分自身の内側を傾聴し始めていく」のです。そして、それが人生の大きな転換点となるような「気づき」につながるのです。

　ジェンドリンは、カウンセラーから傾聴してもらっていると、クライエントが自分の内側の声に耳を傾けていくようになることを、フォーカシングと命名し、それがカウンセリングや傾聴の本質をなしていると考えました。

５．人はなぜ、わかってもらいたいのか

◆「わかってもらえる」こと

　私たちは日々、さまざまな問題を抱えて生きています。仕事のこと、勉強のこと、恋愛や結婚のこと、病気のこと、お金のこと……。悩みがまったくない人など、ほとんどこの世に存在しないといっても過言ではありません。人生には幾度か悩みや問題に、今にも押しつぶされそうになるときもあるでしょう。

　そして、そんなときに、私たちはこころのどこかでつぶやくもの

です。「誰かひとりでいい。この苦しみを、そのままわかってほしい……」と。

　人は、なぜこれほどまでに、「誰かにわかってもらう」ことを欲するのでしょうか。もちろん、悩みや苦しみを自分ひとりで抱えているのは苦しくてたまらない、ということもあるでしょう。しかし、わかってもらえたところで、現実が大きく変わるわけではありません。何かが解決するわけでもないでしょう。なのに、人はなぜ「誰かにわかってもらう」ことを求めるのでしょうか。

　「わかってもらう」ことには、どのような意味があるのでしょうか。

◆自分自身のこころの声に耳を傾ける

　「わかってもらえる」ことで、人ははじめて、自分の気持ちに素直に向き合うことができるようになるからだ、と私は思います。つまり、人は、誰かに「わかってもらえること」で初めて自分自身になれる。自分自身のこころに耳を傾けて、自分らしい生き方をし始めることができるようになるのです。

　ロジャーズは次のようなことを言っています。「私が自分自身を受け入れて、自分自身にやさしく耳を傾けることができるとき、そして自分自身になることができるとき、私はよりよく生きることができるようです。……言い換えると、私が自分に、あるがままの自分でいさせてあげることができるとき、私はよりよく生きることができるのです」。

　このようにロジャーズは、人が自分自身を受け入れているとき、

48

その人に変化が起こり、「よりよく生きること」ができるようになるといいます。自分自身にやさしく耳を傾けて、みずからのこころの声に忠実に生きていくことができるようになるのです。そして、そのために必要となるのが、その人のかたわらにいて、こころを込めて聴いてくれる人の存在です。

　ひとりで思い悩むのに疲れ果てた人が、その人のことを、ただそのまま受け入れ、こころのひだまでていねいに聴いてくれる人に、胸の内を語り尽くしたとしましょう。その人との関係においては、自分が何を感じ何を話してもていねいに聴いて受け止めてもらえる。そこにいるだけで、何の気がねもなく自分自身でいられる。そんな体験をしたとしましょう。

　すると、何が起こるでしょうか。不思議なことですが、その人はそんなふうに話を聴いてもらっているうちに、それまで自分のこころを支配し、がんじがらめにしていたとらわれや固定観念のようなものが、いつの間にかスッと脱げ落ちていくことに気づくことでしょう。すると、それに続いて、こころの奥から「自分のこころの声」が聞こえてきます。「あぁ、私はこういうことを感じていたんだ」「本当はこうしたかったんだ」というように。

　どうやら、人間のこころには、他の人に十分にわかってもらえて、はじめてとらわれることなく自分自身に耳を傾けることができるようになっていく、そんなところがあるようです。

コラム４：変わること、それは今までの自分を
　　　　　失うこと・・・

　カウンセラーは、悩みや苦しみの解決のお手伝いをするだけでなく、精神的成長を支援する仕事であると思われています。相談に訪れる大半の人々は、今の自分を変えたい、今よりもっと成長したいと願っています。具体的には、人と緊張しないで話せるようになりたい、もっと自信をもちたいなどが主訴です。しかし、人はそう簡単には変わることはできません。相談室を訪れる人々は、変わらない自分を責め、時には嘆くのですが、人はそう簡単に変わってはいけない理由があると思います。

　人はどれほどの時間が経過しても、自分は自分であるという一貫性が保たれていないと混乱し、生活に支障をきたすことになります。同窓会等での場面を思い出してみてください。外見がすっかり変わり最初は誰であるかがわからなくても、話しているうちに昔の面影がよぎるものです。長い間会うことがなくても、あの人はあの人とわかるのです。私たちは変化を求めるがゆえに変わらない自分を責めがちですが、変わらないがために得ることができるメリットは図り知ることができません。

　一般的に、変化や成長は望ましいことと考えがちですが、その本質は、今までの自分を捨てることであり、馴染んできた自分を失うという悲しい作業です。「・・・・・になる」というプラス面が成長では意識されがちですが、他方で「・・・・・でなくなる」という喪失の作業が同時進行で起こってきます。

　子どもは親に甘えたいときに甘えられるという特権をもっています。しかし、大人になるということはその特権を放棄し、大人としての責任を引き受

50

けることであり、いいことばかりでは決してないのです。しかし、こうした成長をして初めて、大人としての自由や楽しみを享受できる権利を得ることができるのです。

成長は子どもとしての特権を放棄するものですが、子どものときに甘えられなかった人にとってはとても辛い作業となります。他の人が手にしていた、甘えるという特権を手にすることなく、大人としての責任を引き受けなくてはならないからです。

とても理不尽なことのように思えるのですが、今まで手に入れることができなかった甘えの特権を諦めなくては、大人としての自由や楽しみを味わうことができないのです。大人としての特権にこだわり続ける限り、大人にはなれないのです。

相談室では「変わりたいけれど、変わることができない」「諦めたいけれど、あきらめることができない」という葛藤のなかで、大人としての心の組み換え作業を行うのです。成長とはまさに別れであり、この別れに対する精神面での耐性と力を必要とされるのです。

ですから、カウンセリングは決して成長を促すものではなく、充分な時間をかけて別れを惜しみ、無念さや悔しさを語る時間を確保することなのです。成長することの悲しさを考えると、やたらと人に成長を求めることは困難なのではないでしょうか。人間のこころは、別れを惜しみゆったりとしたペースで進むくらいの速さにしか耐えられないようにできているのではないでしょうか。

これからの社会は、変動の激しい時代を迎えます。変化が大きいということは別れも多いということになります。出会いの素晴らしさがしばしば語られますが、別れもまた出会いの数だけ訪れます。別れることは、出会い以

上に大きなこころのエネルギーを必要とします。

　これからの時代を生きる私たちは、このように膨大な別れに適応できる力を養う必要があります。ですから、せめて私たちは、若者や子どもの成長を急がすのではなく、ゆっくりと別れを惜しみ、そのことを援助できるようになれるといいのかなと思っています。成長をすることは、悲しみでもあるのですね。

コラム5：身もこころも空っぽにする時間

　現代社会は、欲望と誘惑が渦巻き、そうした状況下をうまく生き抜く有効な手段を誰しももってはいません。物であれば、部屋がいっぱいになれば片づけたり捨てたりと整理が出来ますが、欲望や誘惑は目にみえないために、やっかいです。身もこころも頭も空っぽにしていかないと、溺れてしまうかもしれませんね。

　水のなかでは、溺れてしまったらもがくのをやめて、全身の力を抜くと自然に浮いてきます。日常生活のなかでは、何もしないで「身もこころも空っぽにする」時間を意図的につくる必要があると思います。友だちとSNSでの交流もせず、新聞や雑誌にも目を通さず、テレビや音楽も聴かず、何もしないで過ごしてみるのです。身もこころも空っぽにすると、洞窟の天井から水が滴るように、こころのどこかにしまい込んでおいたものが、しみ出て来るかもしれません。

　最初の段階では、たいていは不安や心配事がしみ出てきます。ですから、そのままにしておくと、こころ全体が不安や心配事で覆われてしまいますので、ノートに書き留めてみるなどして、一度は外に出したことにします。

このように、どんどんしみ出していくうちに、本当は大切なのに、ないがしろにしていたものが、しみ出してくるかも知れません。このように、身もこころも空っぽにすると、自分のこころが姿を現すのです。ですから、「身もこころも空っぽにする時間」は「自分自身とつきあう時間」でもあるのです。

　溺れてしまったら力を抜けばいいとわかっていても、不安や恐怖に駆られると力を抜くことは簡単には出来ないものです。私自身、何もしなくてもいい休日など、口が寂しくなりついついコーヒーばかり口にしてしまったり、音のない生活にたえられず、テレビをつけっぱなしにしたりなどと、どうも、何もしなくていい時間を上手に過ごせていません。

　皆さんにとって、「身もこころも空っぽにする時間」「自分自身とつきあう時間」はどのような時でしょうか？　人によっては、眠る時間が空っぽの時間に当たるでしょうし、子どもたちにとっては、スマホに集中している時かも知れません。私は、サウナにこもっている時間が、自分自身に語りかける「自分自身とつきあう時間」かも知れません。

　物質と情報の嵐に溺れないためには、たまには諸々の情報を遮断して、自分自身のこころのなかのお掃除をかねて、いらなくなったものを片づけたりほこりをとったりする「身もこころも空っぽにする時間」をわざと確保し、こころも身体も軽くすることが必要だと思います。

　空っぽにすることは理想ですが、ときとしてわき出る不安や心配事に押しつぶされそうになることも事実です。掃除や片付けと同様に、長い間、放っておくと、量の多さに閉口してしまい、片づける気力も失せてしまいます。そして、この作業をひとりでやることは、あまりにも酷なことです。

　こうした面倒な作業をお手伝いするのが、カウンセラーの仕事であると思います。カウンセリングは、自分ひとりでは怖くて確保することができな

い、「身もこころも空っぽにする時間」「自分自身とつきあう時間」を、カウンセラーに話をするということで確保することです。外から全く情報を入れないという意味では、「身もこころも空っぽにする時間」が「自分自身とつきあう時間」になるのです。

コラム6：こころのなかはいつもスッキリしていなくてもいいのではないでしょうか

　我々は、無意識のうちに自分なりのよい子のイメージをもっていて、それを子育ての基準にしています。「おもいやりのあるやさしい子」「嫌なことでもがんばり抜く粘り強い子」などです。さらに、勉強やスポーツのできる要素が加わります。こうしたよい子のイメージのひとつに、「学校から帰ったら、宿題をすませてから遊ぶ」というものがあります。こうした考え方の背後には、「嫌なことは先に済ませて、すっきりとした気がかりのない状態にすることがよいこと」という価値観があると思います。

　こうしたスッキリとした状況を求める傾向は強迫性と呼ばれますが、これこそが社会で最も適応的な性格であり、これを高めることこそが永く教育目標であると考えられていました。たしかに、気がかりのないこころの状態は気分のよい状態であり、子どものうちは気がかりといってもそれほど多くないため、喧嘩した友だちとすぐ仲直りしたり、宿題が終わるとすぐに気分がすかっとするものです。

　しかし、年齢が上がると、生活広がり、かつ複雑になり、気がかりは尽きず、整理しても次々にわき起こってきます。まして、社会が物と情報で豊かになればなるほど、生き方や考え方は多種多様になり、善悪や白黒が曖

昧な状況になるなかで、常に即座の判断が求められます。ですから、気がかりなことをまずは片づけてスッキリした状況をつくることは、ときには生活に支障をきたすことにもなります。気がかりなことがこころに湧き起こると、ちょっとしたことでも片づけないと気が済まないためにこだわり続けます。

　物質や情報にあふれる豊かな時代を生き抜くためには、気がかりなことは一旦、こころの片隅においたまま、こころにスペースを作り、他のことに手を付けたり、生活を楽しんだりする力が必要になります。こころのスペースを整理するとは、こころのなかに部屋にいくつかの仕切を設けるようなものです。意図的にこころのなかに色々な部屋をつくるのです。辛いこと、悲しいことがあったとしても、同時に、嬉しいこと楽しいことをとっておける部屋を用意しておくのです。嫌なことを先に済ませてから遊ぶという生き方は、こころの部屋がひとつしかなくて、どこか一部が汚れてしまうと、家全体が心配ごとで覆われてしまい、終日、片付けや掃除ばかりしている毎日になってしまうのです。

　物や情報が氾濫し、多様性が増す豊かな社会が到来すると、それにふさわしいだけのこころの部屋を用意しておかなくてはならなくなってきたのです。辛いことをこころに留めておくことは苦しいことですが、これができないと嬉しいことも楽しいことも取りこぼしてしまう可能性があります。

　社会全体についても同様のことがいえるのではないでしょうか。価値観や生き方が多様化することは、自分と合わない意見や自分にとって気に入らないことが増えるということです。常にスッキリした状況を求めがちの人にとっては、イライラの原因ともなり、気に入らないものを排除しようとするかもしれません。スッキリした状態を究極まで求めてしまうと、イラしてい

る自分自身が最終的には許せなくなってしまう状況に自分自身を追い込んでしまうのです。

　個人も社会も同じですが、さまざまな考え方や生き方が存在することを前提に、たくさんのこころの部屋をつくり、豊かさがつくり出す多様性のメリットを享受できる力を備えていく必要性を私は痛感しています。わだかまりや曖昧さを、まぁいいか！ という気持ちで保っておくために、自分自身にも他人にも、スッキリした状態もほどほどにしようという気持ちが必要となるのです。

　多様性がもたらす曖昧さは、創造性の源でもあります。常にスッキリとした状況をもとめ、社会から自分と合わないものを排除していこうとすると、社会全体の活力や寛容さが失われてしまい、最終的には、誰にとっても生きにくい世の中になってしまうのです。

第3章
カウンセリングの3つのアプローチ

カウンセリングの3つのアプローチ

　カウンセリングには、いくつのアプローチがあるのか、そのすべてを知っている人は誰ひとりとしていないことでしょう。細かなものまで含めると、100ほどある、という話をうかがったこともあります。それなりによく知られているアプローチだけでも、軽く50や100はあるように思います。

　しかし、そのすべてを学ぼうとする必要はありません。もしそれができたとしても、カウンセリング・ミニ博士になるだけで、人の悩みを深く受け止めることのできるカウンセラーになることはできないでしょう。

　また、多くの理論や技法を広く浅く学び続けることは、あまりお勧めできません。やはりある一定レベルのカウンセラーになるためには、1つのアプローチをある程度「きわめる」ことが必要であるように思うからです。

　そして、自分で学んでいることが、さまざまなカウンセリングのアプローチのどこに位置しているのか、自覚をもって学んでいくことが必要です。

　そのために、ここではカウンセリングの代表的な3つのアプローチにおいて、前提とされている基本的な考え方のみを紹介しておきます。

◎第1のアプローチ

過去のとらわれからの解放をめざすアプローチ

第1のアプローチは、過去のとらわれからの解放をめざすアプローチです。フロイトの精神分析が代表的なものですが、より広く「精神力動的立場」といわれることもあります。

人間の悩み、苦しみやこころの症状は、一言でいえば「過去についたこころの傷」へのとらわれから生じる、と考える立場です。

この「過去についたこころの傷」のことをトラウマ（心的外傷）といいますが、人間はなかなか、この「過去のこころの傷」へのとらわれから脱却することができません。したがって、「そのとらわれからの脱却をサポートする必要がある」と、この立場では考えるのです。

カウンセリングの場面で語られるトラウマのうち、代表的なものが、「親から愛されなかった」というこころのしこりです。この思いは、ほかのきょうだいにくらべ自分は愛を受けなかった、という記憶があるときにいっそう強烈なものになります。

以前、カウンセリングをしていたある女子学生は、きわめて容姿端麗で聡明。性格も素直で、いかにも魅力的な人でした。

しかし、この女子学生は、けっして幸福ではありません。その理由は「両親は、兄のことを愛していたけれど、私のことは愛してくれていませんでした」というものでした。両親は「お兄ちゃんは、頭がいいけど、おまえはバカだなぁ」と言い続けていた、というのです。両親としては、彼女の発奮を促すための言葉だったのかもしれません。しかし、彼女自身はそう受け取ることはできませんでし

た。「両親は、兄のことは愛しているけれど、私のことなんか、ど
うでもよいのだ。期待していないのだ」という思いばかりが募って
いき、その結果、彼女は人生や勉学に対する投げやりな態度を身に
つけていきます。

　このように、「両親から自分は愛されていなかった」「とくにきょ
うだいのなかで私だけ、愛されていなかった」という思いは、人を
とらえて放さないところがあります。本人も、自分が悲劇のヒロイ
ンであるかのような思いを募らせていき、自分が幸せになれない理
由をすべて両親との関係にあるかのように考え、運命を呪い、自分
は一生そのために幸福になれないかのように考え始めるのです。

　カウンセリングをしているとわかりますが、人は、自分を「運命
の犠牲者」の立場に置いている限り、幸せになることはできません。
「私が幸福になれないのは、両親のせい」「私が不幸なのは、最初
に結婚した男性がひどかったから」などと、過去や他人に自分が幸
せになれない理由を見出している限り、けっして幸福になれません
し、ましてや人間として成長をとげていくことはできません。

　この意味で、この過去のとらわれから解放されることをめざすア
プローチは、重要なことを教えてくれていると思います。

◎第2のアプローチ
トレーニングを目的とするアプローチ

　第2のアプローチは、トレーニングを目的とするアプローチです。
行動療法、認知行動療法、論理療法などがここに入ります。「認知
行動論的立場」をとるカウンセリングです。

　このアプローチでは、ついつい否定的で、頑ななものの見方ばかりしてしまい、そのために人生の可能性を閉ざしている人を、もっと柔軟で、前向きな考え方をするように促していきます。本人も、自分でもっと柔軟な、とらわれのない考え方ができるように、自分の思考法を工夫し、トレーニングしていきます。

　たとえば、「私は失敗するのでは」「失敗したらおしまいだ」と考える癖がついてしまっている人がいます。そのために、この人は、失敗を恐れて仕事に就くことができず、ニートになってしまっているとしましょう。自分のこうした考えを「たしかに失敗はしないにこしたことはない。けれども、失敗したからといって、人生それで終わりというわけではない。人間としての価値が下がるわけでもない」と、自分で自分に言い聞かせていく。もっと前向きな生き方ができるようにと、「自己説得」していくわけです。

　このアプローチでは、さらに、考え方ばかりでなく、実際に目標とする「行動」ができるようにトレーニングしていきます。たとえば、異性に声をかけることができない男性であれば、異性に声をかけることができるようになるための行動を少しずつ少しずつ練習していきます。教室で席にじっと座っていることができない子どもであれば、席に座るという「着席行動」ができるように少しずつ練習させていきます。そのために、私はこのアプローチをトレーニングを目的とするアプローチとよばせていただきます。

◎第3のアプローチ

学び・気づくアプローチ

　第3のアプローチは学び・気づくアプローチです。ロジャーズの クライエント中心療法やマズローの自己実現論を筆頭とする人間 性心理学や、その流れのなかから生まれたトランスパーソナル心理 学がここに入ります。病の治療や問題の解決よりも「人間としての 成長」を重要視し、一人ひとりが自分をみつめ成長していくプロセ スを重要なものと考えるため、「自己成長論」とも呼ばれます。

　私たち人間は、愚かで傲慢な生き物です。人生が何事もなく運ん でいるうちは、それはすべて自分の力によるものであるかのように、 錯覚してしまいます。

　けれど、そうは簡単に問屋が卸しません。この人生には、さまざ まな受難が待ち受けています。リストラ、借金、夫婦の危機、失恋、 子どもの暴力などなど……。

　しかし、こうした苦難は、私たちの人生で大切な何かを気づかせ てくれるし、教えてくれる教師のようなものだと、この「自己成長 論」の立場では考えます。

　「人生のすべての出来事には意味があり、目的があって起こって いる。家庭の不和や失職、病気のような、一見したところ、起こら ないなら起こらないほうがいいような出来事も、じつは、起こるべ くして起こったことであり、すべては私たちが気づくべきことに気 づき、学ぶべきことを学んで自己成長していけるように促している」 と考えるのです。

　そのために、このアプローチでは、悩み苦しみに直面した人が自

分自身をみつめ、人生で起きているさまざまな出来事に意識を向け
て、それがもつ意味とメッセージを見出していくのを援助していこ
うとします。この立場を重視する「傾聴」が大きな役に立つのも、
本当に「傾聴」してもらった人は、自分自身をみつめ、自分の内な
る声を聴き始めるからです。そこで、人は自分自身を深くみつめ、
気づきと学びを得て、成長していくのです。

　この3つのアプローチは、それぞれにたいへん大きな意味をもっ
ています。

　そのため、カウンセリング学習の初期の段階では、まずこの3つ
のアプローチをバランスよく学び、そのうえで、どのアプローチが
自分に向いているかを見極めたうえで、1つのアプローチをじっく
り学んでいかれることをお勧めします。

> ## コラム7：稼ぐことはほどほどに。
> ### むしろ、納得のいく使い方を！

　欲しい物がある程度は手に入るなど、経済的には豊かな時代が到来し
ました。人々の興味・関心は生活必需品や生活を便利にする品物の需要
を一巡し、グルメ、海外旅行、ブランド品などへと移行していきました。大学
のキャンパスを眺めてみても、学生のファッションは奇抜で、ブランド品は
必携、学生時代に国内外を旅行し、部屋のクローゼットには、買い集めら
れたお気に入りの洋服で充たされている状態。家庭においては、ある程度
の預貯金は貯まっているのに、先行き不安感や漠然とした不満足を抱き

ながら生活している人も、多いのではないでしょうか。

　現代社会は、何が自分を充たしてくれるのかがわかりにくい時代になりました。自分のことでありながら、漠然と、満足することを常に追い求めているのです。

　そのような時代でありながらも、お金は満足や幸せと交換できる唯一の手段として考えられがちです。私たちがお金を蓄えるのは、不測の事態に対処するためだけではなく、いつかきっと、貯めたお金と交換に、満足や幸せを手に入れることができるのでは、という淡い期待を抱いているのではないでしょうか。

　しかし、お金をもっていればさまざまな品物を買えたりサービスを受けたりすることができますが、それは、必ずしも持続的な満足をもたらすことができないことに、私たちは自ずと気づきます。お金は想像するほど幸せを買うことはできないものです。お金を稼ぐには苦労が伴います。その稼いだお金を納得のいくように使いこなすことは、お金を稼ぐ以上に難しいものです。

　かけがえのないものは、お金では手に入らないものです。たとえば、多くの人が願う健康や長寿、家族や気心の知れた人とのさりげない会話や家族との語らい、四季を味わいながら過ごす静かで安心な時間などは、多額のお金を積んでも得ることは不可能です。

　お金さえあれば幸せになるという考えは、お金がなかった時代の幻の幸福観のような気がします。それでも、そうした幻想にしがみついていて、もっとお金をためておけば幸せが手に入ると頑張り続ける人がいるかもしれません。しかし、たいていの場合は、貯めておいたお金を使わないまま、死んでしまいます。お金をいくらため込んでも、残念ながら、幸せを運ぶ青

い鳥は飛んでこない場合が多いのです。

　私たちは、今、お金がないから苦しんでいるのではないと思います。お金を、充実感や満足感をもたらすように上手に使う難しさに苦しんでいるのではないでしょうか。これからの時代を生きていくために必要なことは、いかにたくさんのお金を稼ぐかよりも、ほどほどに稼いで、納得のいくように使う知恵なのではないでしょうか。

　若い人たちは、確実にそうした方向に向かって歩いているのです。フリーターやニートの増加に関しても、目標がないとか、働く意欲が希薄であるとか、職業観が確立していないと、性急に決めつけないほうがよいと思うのです。彼らは、新しい価値観を体現していると理解したほうがよいのではないでしょうか。

　生活に必要な最低限のお金を稼ぐために働き、自分のやりたいことを実現するために、時間を上手に使うことが、幸せを直接請求する方法であると考えることもできると思います。充実感・満足感を満たすために、わざわざお金を稼ぎ出し蓄えることは、かえって回り道であると思います。

　お金が幸せと交換できると思い込んでいる人には理解がしにくいと思います。充実感・満足感のある生活が、お金を貯める以外の方法で手に入ることも実感してほしいものです。

> ## コラム8：「できるできない」よりも「よくやったね」が
> ## 　　　　　大切ではないでしょうか？

　人は、ある程度の自信がないと、安心して生きることができません。これから、情報や物が氾濫する豊かな時代に、自分の感覚や判断を頼りに、

手探り状態で生きていかなくてはならず、今まで以上に、自分の判断に頼る必要性がでてきます。子育てについても、子どもたちに対してある程度の自信をどのように育むかが1つの課題になります。

さて、不登校の子どもには、自分に自信のもてない子どもが多いようです。彼らに対して周囲は、その子のよいところを探したり、のばしたりする働きかけをします。これは「人に誇れる長所や特技がある」ことが自信につながると考えられているからです。確かに、スポーツや音楽等に秀で、人に誇れることは、重要な自信の要素ではありますが、自信のごく一部でしかありません。もしも、自分より優れた人が出現すれば、自信も揺らいでしまうという、不安定要素でもあります。

ところで、自信には3つの要素があると思います。第1に、最も基本的な要素は、「自分は生きてもいい」と思えることです。この感覚は、乳児期から大人になるまでの間、周囲の人から大切にされることにより育まれます。夫婦仲が悪かったり、親が生活に忙しく「疲れた」と不機嫌そうにしていたりすると、子どもは自分の責任でそうなったのだ、迷惑をかけられない、自分はこの世の中に存在しないほうがいいと考えてしまいます。特に、幼い子どもは、親は絶対に過ちを犯さない存在であると感じています。自分の親に不都合が生じたら、親の責任ではなく、自分の責任だと理解してしまいます。

第2の自信の要素は、「自分の考えていることや感じていることは信頼することができる」という感覚です。こうした自信は、関心をもったことを追求することや自分自身が嫌なことに対して、NO ということが許されることにより育まれます。反抗期によく目立つことですが、家族のなかで NO ということが気持ちよく受容された経験や、嫌なことが起きたときに NO とい

うことにより、避けられた経験をもちます。自分はこうしてみたいという願望や、NO ということが尊重される環境下で、自分の感覚が裏打ちされ、自発性が育まれます。

　以上の 2 つの要素により、自己の存在に意味があり、不都合が生じても自分の力で防御したり周囲への働きかけにより状況を変化させたりするという自己有能感が育つのです。これらの要素が充分定着しないと、自分は取るに足らない迷惑な存在であると感じ、誰からも相手にされないという感覚が身についてしまいます。

　第 3 の要素は、「長所や特技をもっている」ことです。人は、どんなにすぐれたところがあったにしても、第 1、第 2 の自信の条件がなくては、安定した自信にはならないと思います。逆に、「生きていてもいい」「自分の感覚や判断は合っている」などの自信の要素が貧弱であると、人よりすぐれた長所や特技があったとしても、全体的な不安定感は否めません。

　思うに、不登校の子どもたちの自信のなさは、人に誇れる長所や特技がないのではなく、これを支えている、他の 2 つの自信の要素が欠落しているからではないかと思うのです。ですから、長所を伸ばすという一般的なかかわり方は、子どもを苦しめ、不安定感を増す場合もあるのではと考えます。

　カウンセリングにおいては、過剰なくらいに「長所や特技に頼る」部分を削除し、脆弱な「生きていてもいい」「自分自身の感覚は頼りになる」という部分に充分な栄養補給をし、不安定な自信から、より安定した自信へと質を変えることをお手伝いするのです。

　子どもがそれなりに難しい課題をやり遂げたときに、「すごいでしょう」と、大人と喜びを共有しようと働きかけてくることがよくありますよね。そん

なときに「よくできたね」という褒め方を多くの方がすると思います。これは、成果を褒めており、第3の自信に対する働きかけです。この褒め方では、うまくできないときは、褒めないことになりますよね。こういうときに「よくやったね」という表現の仕方もあります。これは、難しいことにあえてチャレンジした子どもの勇気や意欲を褒めているのです。この言い方は、第1の自信に対する働きかけであり、うまくできたか否かにかかわらず、褒めることができます。

　とかく大人は、うまくできた成果について褒めがちです。成果ではなく、あえて難しいことにチャレンジした子どもの勇気や意欲を褒めてあげる方が、質のよい自信につながるのではないでしょうか。いつもどのような褒め方をしているのか、振り返ってみるのもよいかもしれませんね

第4章

カウンセリングの主な理論

カウンセリングの主な理論

　次に、カウンセリングの 3 つのアプローチの代表的な理論をおおまかに紹介します。

1. 精神力動論的立場

　1 つめは、精神力動的立場に立つアプローチです。

　人間の悩み、苦しみやこころの症状は、一言でいえば、「過去についたこころの傷」へのとらわれから生じる、と考えて、そのとらわれからの脱却をサポートしていく立場です。この立場の代表的な理論が、フロイトの精神分析です。

（1）　精神分析

1）創始者フロイトについて

　精神分析の創始者は、ジムクント・フロイトです。

　ほかのアプローチと同様に、精神分析も、フロイト個人のライフ・ヒストリー（生活史）がこの理論の登場に大きな影響を与えています。

　フロイトの父ヤコブは、40 歳のときに 20 歳の女性（アマリア）を 3 人めの妻として迎え、結婚後 1 年後にフロイトが誕生しました。フロイトには、父が最初の妻とのあいだに産んだふたりの兄がいましたが、ふたりともすでに成人していました。とくに長男（エ

マヌエル）は、フロイトの母親よりも年上でしたし、次男（フィリップ）も母親より1歳若いだけでした。しかも、長男はフロイト家の隣に住んでいて、フロイトよりも1歳年上の息子（つまり、フロイトにとっての甥）を育てていました。

　このように、フロイトが、非常に複雑な家族環境のなかで子ども時代を過ごしたことは、精神分析学の形成に大きな影響を与えています。フロイトが2歳半のとき妹のアンナが生まれましたが、そのときフロイトは《「母の妊娠は、母よりも20歳も年上である父とではなく、母よりも1歳年下の自分の兄（フィリップ）とのあいだでのことでないか》と疑いを抱き始めていた」と語っています。

　そう思っても不思議ではない家族関係ですよね。こうした体験から、子ども時代のフロイトは「家族の謎」というものに漠然とした関心を抱き始めていました。そのことが、生育史や家族関係を重んじる精神分析の考え方を作り上げていく根本的な動機の1つとなったのです。

2）ヒステリーと性的誘惑説

　フロイトの精神分析は、最初、主にヒステリー患者の治療の試みから始まりました。

　『ヒステリー研究』で、フロイトは、ヒステリーの患者は幼児期に大人からいたずらなどの性的誘惑を受けており、それによる興奮を発散しえなかったことから神経症の症状が吹き起こされているのだという考えを発表しました。こうした体験を回想するのは、恥ずかしさや不安をかきたてるので、「抑圧」という防衛機制が働い

てその回想を妨げているのであって、ヒステリー患者の場合とくに、症状は身体症状に転換されるのだ、と考えたのです。

　当時フロイトが住んでいたウィーンには性をタブー視する傾向があったため、フロイトの考えは医学の世界で強い反感を買いました。フロイト自身も、後に、性的誘惑を受けたすべての者がヒステリーになるわけではないこと、患者の語る性的誘惑が思い込みかもしれないといったことから、性的誘惑説を破棄するようになります。しかし、ここに精神分析の基本的な考えの型が存在しているのはたしかです。

3）リビドー発達論

　フロイトは性的誘惑説を破棄しても、神経症の原因が幼児期にあるとする考えは変えませんでした。とりわけフロイトは、幼児性欲に着目しました。

　幼児性欲は、からだの生理的発達の時期と密接に関係していると考えて、次のように区分したのです。

① 口唇期―0～1歳ころ

　乳首を吸ったり、玩具や自分の指をくわえたりするなどして、口唇周辺の粘膜を刺激し快感を得る時期です。この時期に、いくら泣いてもおっぱいがもらえないなどして、さみしい思いをすると、将来、飲酒、喫煙などの習慣や過度の依存性を伴う「口唇期性格」になりやすいといわれます。

② 肛門期―1～3歳ころ

　ウンチをためて排泄することで快感を得る時期です。ウンチには

愛や金銭の象徴としての意味があります。

　この時期に、たとえば、いつもウンチを我慢させられてばかりで、ためることばかりを身につけてしまうと、将来、金銭的にもケチになり、愛情を人に与えるのももったいない、と考えるようになっていきます。

　逆に、いつも垂れ流し気味で、ウンチをためることを知らないと、将来、周囲の人におごりまくったり、お金を使い続けて貯蓄ができなくなったり、ひとりの人を愛せない八方美人になったりするといわれています。

③　男根期—3〜5歳

　男性器の有無から「私は女」「僕は男」と、自分の性別について認識するようになっていきます。

　小さい子どもは、性器をいじったり性器に関心をもったりします。この年齢では、男児も女児も男性器だけしか性器と思わないことによる命名です。

　そのため、男性器の有無により、男の子には「男の子は強いんだね」と男であることを受け容れるような言葉がけが必要です。

　女の子は男性器のないことで、いぶかしがったときは「女の子は赤ちゃんが産める」だよ。赤ちゃん、かわいいよね。すごいね」と女性であることを受け入れるように、かかわっていきましょう。

　次に説明するエディプス・コンプレックスもこのころから生まれはじめます。

④　潜伏期—6〜10歳ころ

　心理的に安定した時期であり、社会性を身につけさせるなどの

「しつけ」はこの時期に中心におこなうとよいでしょう。

⑤　性器期—１１〜２０歳ころ

　同性の友人との疑似恋愛的な時期を経て、成人の異性愛へと進んでいきます。

　この時期に、母親へのコンプレックス（彼女のことを母よりも大切にしていいんだろうか……）などをもたずに、異性との交流を健全に楽しむことができるのが、大人への成長のひとつの現れとみなされます。

４）エディプス・コンプレックス

　３歳ころの男の子は、母親に対して性的な関心を抱き、母親を独占したいと願って、父親に敵意を抱きはじめます。しかし、その敵意のために、父親に処罰されるのではないかという「去勢不安」を抱くようになっていきます。

　こうした近親相姦的な心理をフロイトはギリシャ神話と関連づけて、「エディプス・コンプレックス」と呼びました。まだ幼かったフロイトが、好奇心から両親の寝室に入ってしまい、父親から追い出された際に父親に対して抱いた強い敵意が、この考えのヒントになっているといわれています。

　男の子が母親に愛着すると、父親への敵意を抑圧し、逆に同一化して男らしさを身につけていきます（ぼくも、父のようになって、母のようなすばらしい女性を手に入れよう！というように）。

　このエディプス・コンプレックスがどのように解消されるかが、後の性格形成に大きな影響を与えると考えられています。

5) 局所論

　フロイトは、人間のこころを意識・前意識・無意識の3つに区分して考えました。

　「意識」は、「私は今、本を読んでいる」と気づいているこころの部分。「前意識」は気づこうとすれば気づくことができるけれど、今はまだ気づいていないこころの部分（たとえば、3日前のお昼ごはん、何、食べましたか？　思い出せますか……思い出すのにしばらく時間がかかりますよね。こうした、思い出そうとすれば思い出せるけれど、すぐには意識に上がってこないこころの層が前意識です）。

　一方、「無意識」は、抑圧の働きのために、気づこうとしてもなかなか気づくことができない、思い出そうとしても思い出せないこころの部分を指しています（たとえば、「3歳のときにピアノの先生に性器をいたずらされ、ひたすら耐えていた」というように、つらい体験は無意識に「抑圧」されます。「抑圧」された内容は、簡単には、思い出そうとしても思い出せないほど、こころの奥にしまいこまれています）。

6) 構造論

　1923年の『自我とエス』のなかで、フロイトは、人間のこころは「エス」「自我」「超自我」によって構成されている、と考える「心的構造論」を展開しました。

　「エス」は「○○したい」という本能的欲求、「超自我」は両親のしつけなどによって形成された無意識の道徳心、そして、現実や超

自我とのバランスをうまくとりながらエスを可能な限り満たそう
とするのが「自我」の働きです。

　たとえば、今あなたが、なにかのカウンセリング講座を受けてい
て、とてもお腹が減っていて、鞄のなかのおにぎりが気になって仕
方ないとします。

　このとき、「あぁ、早く食べたい」と訴えるのがエス。「授業中お
にぎりなんて、はしたない」と命令してくるのが超自我。講義の教
室の雰囲気をたしかめながら、「早く食べたい」というエスの声と
「授業中におにぎりなんて、はしたない」という超自我の声とのバ
ランスをとりながら、「今はやめておこう」と判断するのが、自我
の役割です。

　精神分析では、自我によって、理性的に自分を制御できる人間を
理想と考えています。「エスあるところに自我あらしめよ」という
言葉がフロイトの人間観を物語っています。

７）自由連想法

　では、精神分析では実際にどんな治療法を用いているのかという
と、自由連想法です。

　フロイトは神経症の治療において最初、催眠を用いる方法を使っ
ていましたが、エミー・フォン・N夫人の治療中に、彼女から「私
の思考の流れを質問で邪魔しないでください」と言われたのをきっ
かけに、催眠の限界を知りました。そして、その代わりに、頭に浮
かんだことをすべて話すように求める「自由連想法」を行うように
なったのです。

　自由連想法では、週に 4 日以上、分析家のもとに通い、カウチ（寝椅子）に横たわって、そのとき思い浮かぶことを、そのまま語っていきます。

　「こんなことを話したら恥ずかしい」「こんなことを話したら損だ」「こんなことを話したら先生に失礼だ」と思うことでも、こころに思い浮かぶことは何でも話さなくてはなりません。

　一方、分析家（カウンセラー）はクライエントの頭の側に横向きに座り、自由連想を聴いていきます。そして、話のなかに漠然としか意識されずに現れてくる無意識な思考や感情を取り上げて、「それは……こういう意味でしょうか」と言葉にして伝える「解釈」を行っていきます。この繰り返しによって、精神分析では、こころの変容を目指していくのです。

　この「自由連想法」によるクライエントの抵抗の分析、「無意識の意識化」が、精神分析の代表的な方法の 1 つです。このとき、「エンプティ・スクリーン」という言葉に示されるように、分析家には、中立性や受身性が求められます。分析家はあくまで中立で、患者のこころを映し出す「まっ白なスクリーンのような存在」であることを求められるわけです。

　実際の精神分析の過程において、中心となるのは、「転移」をめぐるプロセスです。面接を重ねるなかで、クライエントのこころの世界が面接室のなかで展開していきます。クライエント独自のこころの世界が露わとなっていくのが「転移」であり、この転移が引き起こしていく分析家の感情的反応が「逆転移」です。分析家は転移に絡めとられながらも、分析状況の理解を深め、解釈を与えていき

ます。それによって、クライエントの体験が言語に意識化されてい
き、それがクライエントの自己理解を深めていきます。

　本格的な精神分析では、週4日以上の分析を必要とします。しか
し、カウチを使用せず、ふつうのカウンセリングのように対面法を
用いる「精神分析的カウンセリング」では、面接の回数も3回以下
に減っていきます。多くの国では、最低、週に2回は行われている
ようですが、日本では週に1回という方法もしばしばとられていま
す。

2．認知行動論的立場

　2つめのアプローチは、行動療法、認知行動療法などが代表的な
もので、トレーニングを目的とするアプローチです。クライエント
が身につけるべき「ものの見方」や「行動」を学習していくのを援
助する立場です。

（1）行動療法

　行動療法は、「学習理論」をもとにした一連の治療法のことです。
　クライエントの行動をビデオなどを用いてつぶさに観察し、「A
（先行刺激）→ B（反応）→ C（結果）」という枠組みで症状をと
らえ、記録していくことを「行動分析」といいますが、これを臨床
的に応用していくのです（応用行動分析）。
　1960年にアイゼンクが『行動療法と神経症』を編集し、そのなか
で神経症に現代学習理論を応用した治療法を提示し、行動療法と命
名しました。

行動療法は、その名の通り「こころ」というよりは、外に見える「行動」に焦点を当てて、問題の改善をはかっていく方法です。したがって、「こころ」なんて「あいまいで、不思議で、苦手だ」という方にも、とても理解しやすい、きわめて現実的な方法です。

１）レスポンデント条件づけ

いちばん有名なのは、パブロフの犬の実験です。犬に餌（刺激＝S）を与えると、唾液（反応＝R）が出てきます。

このとき、本来、餌とは無関係なベルの音を聞かせていると、いずれ、ベル（刺激＝S）の音を聞いただけで唾液（反応＝R）が出てくるようになってきます。

これを応用したのが、ウォルピの「系統的脱感作法」です。簡単にいえば、「いやなことを徐々に感じなくなっていく方法」「いやなことが徐々に平気になっていく方法」のことです。

たとえば、エレベーターが苦手な人が、エレベーターの映像（S）をみただけで胸がドキドキして不安が高まる（R）とします。このとき、こうした不安と拮抗するような反応（R） ── たとえば自律訓練法など ── を学んでリラックスすると、エレベーターをみても不安を感じなくてすむようになっていきます。同じ原理で、次は、停止しているエレベーターに乗っても不安を感じなくてすむようになり、さらには、エレベーターで３階まで行っても不安を感じずにいられるようになり、……しまいには、30階まで乗っていられるようになります。こうなると、所用で高層ビルに行くのにも差し支えなくなりますね。

同じ原理を応用して、たとえば、人前で話すのが苦手だった人が、まずイメージだけで人前で話す場面を思い浮かべてもリラックスできるようになる → 次に、2〜3 人の前で話をしても大丈夫になる……といった仕方で、レベルをあげていき、最終的には数百人の観客の前でもリラックスして講演できるようになっていくのです。

2）オペラント条件づけ

ソーンダイクのネコの実験が有名です。飢えたネコを箱のなかに入れておき、偶然テコを踏む（反応＝R）と扉が開いて外に出ることができるようにしておきます。すると、何回もこれを繰り返しているうちに、ネコは自分から外に出て、餌（刺激=S）を手にする行動を学ぶようになっていきました。

この原理を応用して、自発的行動（R）に何らかの刺激（S）を与えることで、行動の内容や頻度を変えていこうとするのが、オペラント条件づけです。

たとえば、教室で席に 10 分間しか座っていることができなかった子どもに対して、15 分座ることができた（R）ら、何らかの報酬（S）を与えることを繰り返していき、少しずつ少しずつ、より長い時間、着席行動がとれるようにしていきます。一度にではなく、徐々に着席行動を学ばせていくことから、「スモール・ステップの原則」に基づく行動形成（シェーピング）と呼びます。

このとき、望ましい行動がとれるようになったら、最初から飴などのお菓子を与えるより、まず、シールやカードなどの代替貨幣（トークン）を与え、それが一定の数に達したら、現物と交換するほう

がより効果があることが多いようです。これをトークン・エコノミー法と呼びます。

（2）認知行動療法

　行動療法の原理を観察可能な「行動」のみならず、「認知」、すなわち、ものの見方や受け止め方のレベルにも応用していこうとするのが、ベックらの「認知療法」、両者を統合したのが「認知行動療法」です。

　たとえば、うつ病の少なからずの方は、自分でそうしたいと思っていても、つい「どうせ僕は……」「私なんて……」「また失敗するに決まっている……」といった否定的な思考が自動的にはたらき始めます。これを「自動思考」といいます。認知療法では、この「否定的な自動思考」を観察し、歪んだ認知を吟味させ、修正していくお手伝いをしていきます。

　私たちが、何かに行き詰まると、よく「どうせまた……」という自動思考の悪循環に陥っていることがあります。たとえば、過去に失恋ばかり繰り返してきた男性が、女性に接するとき「どうせまた、ふられるにきまっている・・・・・」という自動思考がはたらきがちになります。また、そのことによって彼は、びくびくおどおどした卑屈な行動しかとれなくなり、その結果、さらにふられやすくなってしまいます。

　認知療法では、こうした「自動思考」に始まる一連の流れを自分で観察（セルフ・モニタリング）し、ストップをかけるようにさせていくことで、この悪循環からの脱出をはかっていきます。

(3) 論理療法

　論理療法では、カリスマ的な人気を誇ったカウンセラー、アルバート・エリスが創始した心理療法です。直訳して「合理情動行動療法」と呼ぶ方もいます。

　認知行動療法と考え方が似ていることから、その一種と考えている人もいれば、「そうではない、論理療法のほうがフィロソフィカル（哲学的）な色彩がもっとずっと濃厚だから、別物として扱うべきだ」という人もいます。

　論理療法の考え方は、簡明で、ABCDE 理論と呼ばれています。

　まず、AからCまでを説明すると、

　Aは「実際に起きた出来事」（例：あんな、かっこいい男性にふられた）

　Bは「その出来事を受け止めた信条」（例：私みたいな女性は、あの程度の男性にふられるべきではない）

　Cは「その結果、生まれた感情」（例：死ぬほどつらい。やっていられない。自信喪失）

　このようにみてわかるように、論理療法では、現在のみじめな感情（C—やってられない。自信喪失）が生み出されたのは、実は、起こった出来事（A—彼氏にふられた）からではありません。それ以上に、その出来事を受け止めた、受け止め方の背後にある信条（B—私みたいないい女性は、あの程度の男性にふられるべきではない）によることが大きい、と考えます。

　したがって、カウンセラーは、クライエントに、自分の「信条（B）」が、歪んだ非合理的で非現実的なものであることに気づかせ、それ

に自分で反論（D）を加えさせていきます。

　その結果、それまでクライエントがもっていた「非合理的な信条」（イラショナル・ビリーフ）が、より人生の現実に即した「合理的な信条」（ラショナル・ビリーフ）へと修正されるようになる（E―効果）と考えるのです。

　論理療法が、人を不幸にしていると考える「非合理的な信条」（イラショナル・ビリーフ）の代表的なものには、次のようなものがあります。

○失敗すべきではない。失敗したら、もうやっていけない。

○私は、人から愛されていないと生きていけない。

○人から嘲笑されてはならない。嘲笑されていては、生きている価値がない。

　しかし、これらはすべて、不可能な「思い込み」です。

　失敗のない人生なんてありませんし、いつも愛されているなんて不可能です。うまくいかなくて、人から嘲笑されることも少なくないでしょう。それが現実の人生です。

　こうした、自分を不幸にしている「理にかなっていない、思い込み」「自分を不幸にしている思い込み」から、自分を解放することが幸福への近道だ、論理療法ではそのように考えるのです。

　さて、これまで、精神分析と認知行動療法、論理療法をおおまかに説明しました。それぞれのアプローチをみただけでも、「ずいぶん違うものだなぁ」と思われた方も少なくないと思います。

　いちばんの違いは、認知行動療法が特定の問題や症状にターゲットを絞るのに対して、精神分析ではそれをせず、「こころの変容」

全体を目的とするとことにあります。

　たとえば、女性恐怖症で、交際歴もまったくない 47 歳の男性が「女性とつきあえるようになりたいし、いずれ結婚もしたい」と考えてカウンセリングに訪れたとしましょう。認知行動療法では、あまりこころのなか深くにはいっていこうとはせず、プログラムをつくって、練習させていきます。スモール・ステップの原則で、「まずは、コンビニの女性店員に、品物が置いてある場所をたずねる練習」「次に、今通っている習いごとの、隣の席の女性にものを借りる練習」、さらに「近くの駅から徒歩で 10 分くらいとところに行って、通りがかりの女性に駅までの道順をたずねる練習」……と、どんどん「行動の練習」をさせていきます。どの課題が取り組みやすいかを、カウンセラーとクライエントで話し合って、やさしいものから順にクリアしていくのです。そして、最終的には意中の女性をデートに誘えるようになるのです。

　精神分析を理論的支柱としているカウンセラーは、同じクライエントを迎えてもまったく異なる方法をとるでしょう。女性を避けてしまうことだけにターゲットを絞らずに、これまでの人生全般、こころの全体にかかわっていくことでしょう。そのなかで当然、幼少期からの母親との関係もテーマの 1 つとなっていきます。「そういえば、僕、5 歳のころから、母の目を見るのが、なんだかこわかったんです」「母と父がいつも大声で喧嘩していて、父がビクビクしていた姿を思い出します」といった話に展開していくかもしれません。幼少期からの母親との関係が、その後の彼の異性との関係に決定的におおきな影響を与えていると考えるのです。

　なんだか、認知行動療法はサクサク系、精神分析はドロドロ系、といった感じがしますね。

　深くて内界志向で、本格的なのが精神分析。現実的でスピーディーなのが認知行動療法という感じでしょうか。

3. 自己成長論的立場

　3つめの立場が、「自己成長論」の立場です。ここでは、人間性心理学とそこから発展して生まれてきたトランスパーソナル心理学、あるいは両者をくくって、人間性/トランスパーソナル心理学と呼ばれる立場の心理学が含まれます。

　まず、人間性心理学（ヒューマニスティック・サイコロジー）は、「自己実現の心理学」と呼ばれます。それは、一言でいうと、「自分らしく生きるための心理学」—— 匿名の存在でしかなかった私が、かけがえのない交換不可能な＜私＞になっていく変化のプロセスを援助するのが人間性心理学です。ほんとうの自分に気づき、より深く、自分自身のこころの声を聴きながら生きるための方法を学んでいく心理学といってもいいでしょう。

　マズローの自己実現論、パールズのゲシュタルト・セラピー、フランクルのロゴセラピー、ロジャーズのクライエント中心カウンセリング、ジェンドリンのフォーカシングなどがここに含まれます。

　この人間性心理学から発展して、「個を超えた次元」「人間を超えた次元」、一般にスピリチュアルな次元といわれている日常的現実を超えたこころの世界にも踏み込んでいくのが、トランスパーソナル心理学です。「人間性心理学」が、精神力動論、認知行動論に続

く「第3の心理学」と呼ばれていたことから、人間性心理学を基礎として誕生したトランスパーソナル心理学は「第4の心理学」と呼ばれたことがあります。

　カウンセリングではしばしば、「私はなぜこの世に生まれてきたのか」という「生きる意味」の問いが発せられてきます。こうした問いに対して、人生から送られてくるさまざまなメッセージに、耳を傾ける方法を学んでいくのが、トランスパーソナル心理学です。

　アーノルド・ミンデルのプロセス指向心理学や、ケン・ウィルバーの統合心理学、スタニスラフ・グロフのホロトロピック・ブレスワーク、ロベルト・アサジオリのサイコシンセス、ロン・クルツのハコミセラピーなどがここに含まれます。

　「人間性/トランスパーソナル心理学」のもっともベースに位置しているのが、カール・ロジャーズのクライエント中心療法です。

コラム9：わかってくれない、わからない、
　　　　だから人と一緒にいられるのでは

　カウンセリングの場面で、「他人が自分の気持ちをわかってくれない」不満や、「子どもの気もちがわからない」など人とわかり合えないことを悩みとして話題になることがあります。たしかに、人に話をして正確に伝わらないのは、もどかしく腹立たしいものです。しかし、この種の悩みはやや勝手なものです。私たちは、人にわかってもらいたいと願いながら同時に、知られたくないことも持ち合わせています。人間は、互いに容易にわかり合え

ないことで人に知られたくないことを隠しておけるメリットがあるのです。考えてみてください。もしも自分の心が丸見えになったら、自分自身がいたたまれなくなるでしょう。

　私たちのこころは、人や自分にとっても都合の悪いことや、意識されるとこころが痛むことは、隠されてみえにくいようになっています。私たちのこころは、知られたくないことは、知られないように鍵が自動的にかかるようになっているのです。たとえば、人が尋ねてきた場合、見知らぬ人であればインターホン越しに、隣近所の人であれば玄関先で立ち話、親しい人であれば、リビングに通してお茶でも飲みながら話をする、と使い分けるのです。ですから、自分の部屋が散らかっていても、人にみせたくないものがあってもとくに困らないのです。

　小さい子どもの場合を考えてみると、こころのなかに秘密が生じた場合、「いつかばれるに違いない」と常に感じてしまいます。子どもはまだ、こころのセキュリティシステムが充分に機能していないため、秘密をもっておけないのです。

　このセキュリティシステムが確立しないと、大人になってからも、自分の気持ちが外からわかってしまうのでは？　と悩むことになるのです。これは、「どのようにして隠したとしても、あなたのことは何でもわかってしまうんだよ」という親子関係で生じやすいといわれています。ですから、子どもが秘密をもったときは、暴こうとせず、成長の証として大切にすることが必要だと思うのです。

　秘密がもてるということは、他人にみられたくないこころのなかはみえないと確信できることなのです。それは、一人ひとりが自分固有の文化の世界を築いていくことです。お互いに異文化なのですから、わかり合えるた

めには、少なくとも相当な面倒なやり取りが必要になります。同じ言語を用いているから、わかり合えるのが当然と思いがちです。しかし、実際には難しいと思います。なぜならば、各人がこころのなかで同じ日本語を用いながらも「自分語」を使ってしゃべっているのですから伝わりにくいのです。

　人に話したり伝えたりするということは、一度共通語としての言語＝日本語に翻訳して表現することなのです。それを自分の言葉に変換して理解しなければならないのです。

　相互に理解しあうということは、このように複雑な作業を繰り返す必要があります。面倒だと思われるかもしれませんが、このメカニズムが人に容易にこころのなかを覗きこまれない防御として役に立っているのです。

　ときには、何もしないで、ズバリわかってもらう気持ちよさや便利さを望むかも知れませんが、私たちは、わからないことによって得ている安全のほうがはるかに大きいのです。「自分という固有の文化」が確立されればされるほど、つまり、成長すればするほど、こうした面倒なことは避けられないのです。

　人間関係というものは、夫婦でも親子間でも、仲のいい友だち同士でも、会社の同僚、部下と上司の関係でも、互いにわかり合えないことを尊重しながら、丁寧に辛抱強く、異なる文化の間に橋をかけようとエネルギーを注ぎ続ける作業を言うのです。

コラム 10：「何をしないか」がキーワードの 時代に・・・・・・

　日常生活のなかで私たちは、お金とのつきあいかたが難しいと考えがちですが、果たしてそうでしょうか。私は、今後は時間とのつきあい方がいちばん難しくなるのではと思っています。情報産業の急激な進歩により、我々が日常膨大な情報にさらされている事実からも明らかでしょう。情報の増大に伴い、生活は便利になり正確な判断が可能になると思われていましたが、私たちの情報操作能力は情報量に比例して向上しません。だから、判断が追いつかず、何が本当で、何が大切なのかがわからなくなることが多くなります。私たちに与えられた時間はいつの時代も１日 24 時間。情報が増大すればするほど私たちは忙しくなり、相対的に時間は足りなくなるのです。

　現代社会は、お金に取って代わり、時間が誰でも欲しがるものの、量は決して増えない、最も価値あるものとなりうるのです。今、私たちは、時間に最も価値をおく社会を、うまく生きていけるように生活を大幅に組み替える必要性を迫られているのではないでしょうか。

　お金をたくさんもっているのと同様に、時間をたくさんもっている人は、人からうらやまれます。しかし、ただもっているだけではなく、時間を納得のいくようにうまく使いこなせる能力とセンスが必要となってきます。

　時間が足りない場合、私たちは生活や仕事の密度を濃くして、時間確保しようと解決を図る場合があります。この方法は、しばらくの間は有効に機能しますが、情報の増加に追いつくことは到底できず、結局は破綻して

しまうのではないでしょうか。

　これからは「何をするか」ではなく「何をしないか」という判断、すなわちあきらめる力、捨てる力が必要になってくると思います。実際、家庭のなかでも収めきれない物が氾濫し、如何に収納するか、如何に捨てるかが大きな課題になっています。一時的にしか使わない物は、レンタルで済ましてしまう生活スタイルが確立されつつあるのが現状です。

　私たちは今まで、何事にも一生懸命でなければならない、一度はじめたら諦めずに継続する、必要な情報は事前に怠りなく集めておくこと、などを美徳とする価値観のなかで生活してきました。こうした生き方をしていくと、時間がいくらあっても処理すべき問題から開放されることはまずありません。

　次から次へと興味・関心をひく情報が氾濫するなかで、「何かをしない」という生活技術を身につけることは至難の技でしょう。しかし、情報を取捨選択していくうちに、本当に必要なものがみえてきて、時間と納得したつきあい方ができるようになるのかもしれません。

　ところで、カウンセリングはあらかじめ時間が 50 分とか 60 分というように決められています。相談者の相談事が解決しなくても、時間がきたらおしまいです。時間内にやれるだけのことを精一杯やりますが、できなければいったんあきらめて、そこで切り上げます。この手法は、新しいことをはじめるときには、やめる時間を決めておくことのヒントになるのではないでしょうか。

　私たちは日常生活のなかで、やりたいことややるべきことが多くありすぎます。ですから、やりたくないことにまでおつきあいしなければならない時間的な余裕はないはずです。捨ててしまったり諦めてしまったりすること

は、一瞬こころに負担がかかるかもしれませんが、自分にとって本当に必要な時間を取り戻す効果的な方法になるのではないでしょうか。

　お金には恵まれなくても時間が充分にあった時代は、会合をするにしても終わりの時間の設定は厳密に設定されませんでしたし、人を訪ねるときもわざわざアポをとる必要もありませんでした。仕事量が多く終わらなければ無償の残業も普通に行われていました。

　しかし、時間を大切にする時代になると、その人が価値を感じないことに、長時間拘束することは困難になってきます。もしも貴重な時間を拘束するならば、代価を支払うか、それに見合う魅力がなければならないのです。あらゆる組織が、時間に価値をおく社会にふさわしい運営に変わることが求められるようになってきたのではないでしょうか。

第5章

クライエント中心療法

クライエント中心療法

(1) 自己実現

　ロジャーズのアプローチのエッセンスは、一言でいえば、より自分らしく生きていくこと、すなわち、「自己実現」である、といっていいでしょう。

　「会社員」や「主婦」や「教師」といった役割をこなすだけの、匿名の私としてではなく、「これが私だ！」と実感できる≪私≫として、自分らしく生きていくということです。

　クライエント中心療法とは、つまるところ、人が自分自身の内なる声に耳を傾けて、より自分らしい生き方を探求していくプロセスの援助方法なのです。

　なお、このアプローチは、その発展段階のどの時期に着目するかによって、「非指示的療法」（初期）や「クライエント中心療法」（中期）、あるいは「パーソンセンタード・アプローチ」（後期）などといった異なる名称で呼ばれています。

(2) ロジャーズ

　クライエント中心療法にも、やはり、フロイトの精神分析やユングの分析心理学と同様に、創始者カール・ロジャーズ個人の人生が大きな影響を与えています。

　ロジャーズは、アメリカの開拓者精神溢れる、きわめて厳格な家庭のなかで育てられました。

　ロジャーズ家の特徴は、とても厳しい宗教教育です。とりわけ母親は「人間はどれほど正しいおこないに努めても、しょせんは汚いボロ布のような存在でしかない」という原罪説をその拠り所としていました。

　また、ロジャーズ家は、自らの家族は「神に選ばれた存在である」という考えから、ダンスはおろか、パーティーへの出席もカード遊びも許さない非社交的な雰囲気をもっていました。そんな家族のなかでもロジャーズ少年は一風変わっていました。内向的で空想好きな、ぼんやりした少年で、趣味といえば、読書や物語づくり、蛾の採集と観察などだったといいます。そのため、きょうだいからひどいからかいの対象とされていたようです。

　このように、少年時代のロジャーズは、厳格で抑圧的な雰囲気のなかで、自分らしくあることを許されずに育ちました。空想や物語づくりの世界に逃避することで、なんとか自分らしくあることを守っていたのだとみることもできます。こうした少年時代の経験が後に、クライエントが自分のこころの声を聴いて、より自分らしい自分になっていく（自己実現）のを援助する、クライエント中心療法の創始につながっていったと思われます。

　また、ロジャーズ家がまったく社交をおこなわず、ロジャーズ少年が人間関係の苦手な子どもであったことも、後に彼が、こころとこころのふれあいを目標とするエンカウンター・グループを実現するうえでの、強い動機づけとなったようです。

（3）クライエント中心という考え方

　ロジャーズがまだ 30 代のころに体験した、ある面接におけるエピソードを紹介しましょう。

　乱暴な少年をもつ知能のすぐれた母親との面接に取り組んでいたロジャーズは、問題は明らかに少年の幼児期に母親が彼を拒否したことにあると知りながら、何度面接を重ねても彼女にこのことを洞察させることができずにいました。

　ロジャーズはとうとう、母親に面接中止を申し出て、母親もそれに同意しました。しかし面接を終えてドアへ歩きかけたこの母親は、くるりとふり返って、次のように言ったといいます。

　「先生、ここでは、子育ての相談ではなく、大人である私自身のためのカウンセリングをしていただくことはできませんか」。

　ロジャーズがイエスと答えると、彼女は立ち去りかけた椅子に戻って、彼女の結婚生活、夫との関係などを、以前とは違った感情のこもった仕方で語り始めました。こうして再出発したカウンセリングは、彼女にとっても息子さんにとっても大成功に終わったといいます。息子さんのことはほとんど話題にのぼらなかったにもかかわらず、彼女自身が変わることで息子さんとのかかわりが変わり、結果的に息子さんも変わっていったのです。

　ロジャーズはこの経験から、「何がクライエントを傷つけているか、カウンセリングがどの方向に進んでいくべきか、何が重要な問題なのか……これらのことを知っているのは実は、クライエント自身であること、したがってカウンセリングにおいては、クライエント自身の内部から自発的に生じてくるプロセスを徹底的に尊重す

べきであること」を学んだといいます。

　ロジャーズ自身、この体験は「決定的な学習体験」であったと語っています。この体験こそ「クライエント中心療法」の誕生を象徴するものなのです。

（4）実現傾向

　ロジャーズの人間観の基底に据えられているものは、「人間を含むすべての＜いのち＞あるもの、生きとし生けるものに対する信頼に満ちたまなざし」です。

　ロジャーズにとっては、ウニであれ、微生物であれ、草木であれ、すべては等しく＜いのちの働き＞を分け与えられた存在者です。人間もまた、これらと同じ＜いのちの働き＞を分け与えられたものとして、この世に存在しているのです。

　ロジャーズのこうした考えは、「自己実現」という概念に集約されています。この考えによれば、海草であれミミズであれ人間であれ、ありとあらゆる有機体は、自らを維持し実現し強化する方向に向かっていくようにできています。この世におけるすべての生命あるものは、本来、自らに与えられた＜いのちの働く＞を発揮して、より強く生きるように定められている、というのです。

（5）治療関係そのものの重視

　クライエント中心療法では、クライエントの変化がなんらかの技法によってもたらされるとは考えません。何の脅威もない安全は雰囲気のなかで、クライエントの主体性や自発性を徹底的に尊重して

いく「関係」それ自体に大きな力があると考えられています。

　そのため、クライエント中心療法のカウンセラーは、クライエントの感じていることをその微妙なニュアンスに至るまで可能な限り正確に聴きとり、感じとりながらそれに応答していきます。クライエントのペースを尊重し、その独自なあり方とともに進んでいこうとするのです。こうしたカウンセラーのあり方そのものに治癒的な働きがあると考えられています。

　そして、このような治療関係を築いていくうえで重要だと考えられているのが、カウンセラーの次のような「態度」を体現することです。

（6）無条件の積極的関心（受容）、共感的理解、一致
①無条件の積極的関心（受容）

　カウンセラーの価値観や好みによって取捨選択せず、クライエントのこころのどの側面も「ああ、こんな気持ちがおありなんですね……」と、ただそのまま受けとめていくことです。

　「あなたは今のままですばらしいですよ」と肯定することではありません。カウンセリングでは原則的に、相手をほめることも、叱ることもありません。「そうですね」と相手に同意したり、賛成したりもしません。〇もつけず、×もつけず、「ただ、そのまま、受けとめていく」のです。

　実践的には、カウンセラーが自分のこころのなかに「空間」をつくり、その「空間」のなかを、あたかもクライエントに自由に漂ってもらうことができているような、そんな心理的態度のことをいう

のだと考えてもいいでしょう。

　ここで大切なことは、「無条件の積極的関心」（無条件の肯定的配慮とも訳されます）における「無条件」という言葉は「選ばない」ということです。カウンセラーが自分の価値観に従ってクライエントの話を聴かせていただき、「この部分は大切、この部分はそうでもない」などと取捨選択しないこと、クライエントから表現されたこころの「どの部分」にもきちんと意識を向けて応答していく、という態度を意味しているということです。たとえば、「あなたのなかには、もう今の職場には居場所がない、と感じている部分がある。……しかし、もう一方では、もう20年も勤務されてきたので、自分にしかできない仕事もあると思いたい……。その両方のお気持ちがおありなんですね」と返していくのです。単にぼんやりと、相手の「全体性」をそのまま大切にする、といった、あいまいな理解にとどまらないことが重要なのです。

②共感的理解

　クライエントの私的な世界を、その微妙なニュアンスに至るまで、あたかもその人自身になったかのような姿勢で、「あなたが今、感じていることは、○○ということでしょうか」と、正確かつていねいに、伝え返し、たしかめていくことです。たとえば彼氏にふられてひどく落ちこんでいるKさんの気持ちを、Kさんのこころの内側に入りこみ、Kさん自身になりきって、Kさんと同じ価値観やものの見方、考え方、感じ方をしているようなつもり（内的準拠枠）で、「Kさんが今感じているひどい落ちこみ」を、Kさん自身のこころ

の内側から感じとって、その感じとったことを「あなたが今、感じていることは……あんなひどい男性にふられるなんて、もうおしまいだ。私には、女性としての値打ちがあるとは思えない……といったことでしょうか」と、ていねいに、相手にたしかめてもらうようにして、「伝え返していく」ことです。これを感情の伝え返し（リフレクション）といいます。

　ここで重要なのは、「あたかも」という性質を見失わないようにすることです。これを見失ってしまうと、クライエントとのあいだに必要な心理的距離を失い、相手を受けとめられなくなってしまうことがあります。

　実践的には、クライエントがまさに言わんとしている、その「感じ」の「エッセンス」を感じとり、「あなたが今おっしゃっていることは……ということでしょうか」と、クライエントが感じているまさにその同じ次元にふみとどまりながら、クライエント自身の内側に身を置きつつ、ていねいに、ていねいに、「クライエントが言わんとしていることを、たしかめつつ、たしかめつつ、ともに歩んでいくような姿勢」を保ち続けることです。

③　一致

　カウンセラーは、①自分のこころを空にして、クライエントのこころのひだをていねいに聴かせていただくと同時に、②クライエントの視点に立って、そのこころのなかに深く沈潜していくとき、同時に自分自身のこころの深いところで発せられてくるさまざまなこころの声や動きにていねいに意識を向け、耳を澄ませていく、と

いう 2 つのことを同時進行で進めていきます。

　つまり、①自分のこころを「空」にして、クライエントのこころに耳を澄ませるとともに、②自分を捨ててクライエント自身になりきり、クライエントのこころのなかに深く沈潜していくときにこそ、自分自身の深いところから発せられてくる声にも同時に耳を澄ませていく。この、一見矛盾する 2 つの傾聴（クライエントのこころの内側への傾聴と、自分のこころを空にしてクライエントの話を聴いているときの自分自身のこころの内側への傾聴）を同時におこなっていくのです。

　このような姿勢を「一致」といいます。一言でいうならば、「カウンセラーが、クライエントの話に虚心に耳を傾けながらも、同時に、自分自身の内側にも深く、かつ、ていねいにふれながら、クライエントとともに進んでいく姿勢」のことです。

　1961 年にロジャーズが日本に来日した際、ある方が公開の場で、「受容（無条件の積極的関心）と共感的理解、一致……あなたが言っているこの 3 つのうちどれがもっとも重要なものですか」とストレートに質問しました。多くの人が「どれも大切だ」と言うにきまっている、と予測したのに反して、ロジャーズはキッパリと「いちばん大切なもの、それは一致だ」と即答したそうです。私もよくわかります。

　カウンセリングの中核は、安心した関係性のなかで、クライエントが、自らの内面に意識を向け、ていねいに、ていねいにふれていき、うちなるこころの声を聴かせていただくプロセスにあります。

　クライエントのこころのなかで、こうした動きが生じるためには、

まず、カウンセラー自身が、そうしたあり方を体現していく必要が
あります。カウンセラー自身が自分の内側にていねいに、かつ深く
ふれあっていなければ、クライエント自身の自分の内側にていねい
に深くふれていくことはできません。カウンセラーが自分の内側に
深くはいっていなければ、クライエントも安心して、自分の内側に
深くはいっていくことはできないのです。

　クライエントの言葉を聴かせていただき、すぐに「こういうこと
でしょうか」と返していくのではなく、クライエントの言葉を聴か
せていただいたら、ちょっと間をおいてクライエントの言葉のひと
つひとつを、カウンセラー自身の内側に入れて、ていねいに響かせ
ながらゆっくりと言葉を返して、カウンセリングを進めていくこと
が大切なのです。

　こうした姿勢をもったカウンセラーとの関係において、クライエ
ントは、自分をそれまでがんじがらめにしていた楔から少しずつ解
き放たれてきて、ふだんは耳を傾けることがなかった自分自身の内
側のこころの声にやさしく、ていねいに耳を傾け始めます。すると、
それにともなって何かの気づきが生じ始めます。「あぁ、私はほん
とうはこちらに進むべきだったんだ」というように。

　クライエント中心療法とは、このようにしてクライエントが、普
段はそうできないような仕方で、自分のこころの内から発せられて
くるメッセージに、ていねいに耳を傾けることができるようになっ
ていく、そうした人間関係を提供するアプローチであるといってよ
いでしょう。

コラム 11 : 不要な「生き方」との決別

　人は生きていくために、生活に必要なさまざまな、食料・物品・情報を手に入れ、不要になれば捨てていきます。基本的には、手に入れた分だけ出していく必要があります。現代のように豊かな時代を迎えると、私たちはおびただしい物と情報に取り巻かれ、油断すると大量の情報が流入してきます。物や情報が少ないときは、いかに手に入れるかが課題でした。しかし、豊かな時代になると、いかに捨て、シンプルな生活を維持するかが課題となります。

　豊かになって増えていくのは目にみえる物だけではありません。人間関係や所属団体のような目にみえないものもあります。物質は目にみえるため、増えて部屋が一杯になれば見苦しいから整理しようという自覚も芽生えやすいです。しかし、友人や人間関係は、活動の証として多ければ多いほどよいと考えられがちです。こうして、気づかないうちに増殖したさまざまなしがらみが、我々を忙しくさせ、悩みの種にもなっているのです。

　ところで、私たちにとって人間関係以上に別れたくても別れられないものに「生き方」があります。これからの時代、変動が激しい時代です。それぞれの年齢や置かれた状況に応じて何回も生き方を変えなくてはならないことが想定されます。

　カウンセリングに訪れる人は、意識しているか否かに関わらず、それまでの生き方が何らかの理由で行き詰っています。そのことが、現実への不適応という形で具現化します。不適応とは、過去においては生きていくのに役に立っていた適応のスタイルが、現在の生活とあわなくなってしまって

いるのです。

　周囲の大人の意向をうまく汲み取りながら生きていく「よい子」は、まだ非力な子どもにとっては優れた適応ということになります。しかし、これが大人になると、職場の同僚をはじめとした周囲の多くの人間との利害や価値観の調整をしなくてはなりません。「よい人」として振舞うだけでは振り回されてしまい、困難な課題をこなすことはできません。「生き方」は、過去にうまくいっているほど変えにくいものなのです。

　カウンセリングは悩みを手がかりに、新しい「生き方」を探す作業でもあります。変わるということは、新たな「生き方」もみつからず、これまでの「生き方」も使えなくなるために、一時的にひどく無力感を味わう状態のことをいいます。危険を冒してみたところで、新たな「生き方」がみつかる保障もありません。むしろ、危険を冒すよりも、慣れ親しんだ生き方にしがみついていたくなることもあります。

　「不要になったものはどんどん捨てる！」というのは潔い「生き方」です。しかし、役に立たないと思っていても、ついつい愛着を感じてしまい、簡単に捨てることができないのが人情です。だからといって不要な役に立たないものを背負っていては、前に進むことができません。カウンセラーの仕事は、不要であってももったいなくて捨てられない、捨てきれない「生き方」を一時的に預かることが主な仕事かもしれません。こうしたカウンセラーの役割は、物質面・情報面で豊かな時代が到来したからこそ必要になってきたのかもしれません。豊かな時代には、多くの人との出会いがもたらされますが、出会いの分だけ私たちは別れを体験するのです。

コラム12：同じことを繰り返す重要性

　子育てに視点を当てて、カウンセリングマインドの一端を考えてみましょう。

　これからの時代に子育てに必要なことは何かと問われたら、私は「何も企みをもたないこと」と答えるでしょう。これは、日常のカウンセリングにも通じることなのです。カウンセリングはとにかく、念入りに人の話を聴こうとします。子育ても苦労が伴います。食事の世話・後片付け・汚れ物の洗濯・あやし・話しかけてきたら耳を傾ける等同じことの繰り返しです。毎日このようなことが続くと、徒労感から成長や発展があるのだろうかと自己嫌悪に襲われることすらあります。

　近時、児童虐待の事件や子どもに関する事件・事故の増加は、「自分の子育てははたして正しかったのだろうか」と不安を駆り立てる誘引にもなっています。それに加えて書店には、「子育てが楽しくなる法」「賢い子育て術」「こうすれば必ずうまくいく子育て10か条」などの書籍が氾濫しつつあります。子育てに不安を抱える人にとっては、自分が知らないすばらしい方法があるのかしら？　と思ってしまうのも当然ですよね。

　子育ては誰にとっても相当気苦労の多い営みです。そこにきて、「楽しくなる」「うまくいく」とか言われてしまうと、「自分のやり方が間違っているのでは？」と思ってしまっても不思議ではありませんね。

　ちょっと考えてみてください。受験関連書籍のコーナーにも「必ず合格する受験術」なる書物はありますが、たいてい疑ってかかりますよね。これは私たちが経験則として、そのようなうまい話はないと知っているからで

す。

　カウンセラーなども、子育てがうまくいく技術を知っていると思われがちな職業です。しかし、残念ながらそのようなことはありません。カウンセラーもわが子のことについては迷いながら育てるひとりの親に過ぎません。カウンセラーは子育てがうまくいく方法を知らないのではなく、この世に子育てがうまくいく術なるものがそもそも存在しないのです。

　カウンセリングでは、そうした事実を認め、受け入れたり、苦しくて辛いのは間違った子育てをしているのではないことを確認したりする、お手伝いをする営みなのです。だからといって、頑張れ！頑張れ！と励ますのでもありません。子育ての辛さは頑張って乗り切れるものではありません。

　人は無意味なことを繰り返すことはできません。ですから、カウンセリングでは、日々の苦労が自分にとってどのような意味があるのかを、一緒になって考える営みなのです。

　現代社会は、損をしないでうまくやりくりすることをよしとする風潮が高まっています。目にみえる変化や成長を礼賛する傾向が強くなっています。そんななかで、地道に同じことを繰り返す営みは至難の技であります。子育てという営みは、とかく、目先の成果を計算しがちな大人に対して、決して見返りを求めずに同じ仕事を地道に繰り返す生き方を余儀なくさせる営みであると考えます。この繰り返しを大人がし続けることにより、子どもたちに安心感を提供することになるのではないでしょうか。子どもに安心感を与えることが子育てをうまく継続する栄養補給になるのではないでしょうか。

　これから子育てにのぞむ方、子育て真っ最中の方、すでに子育ての終了された方、それぞれのお立場で考えてみてください。日々の暮らしのな

かで、職場で、地道に同じことを繰り返してみてください。そうすることにより、日々の苦労にどのような意味があるのかを考えるきっかけになると思います。

第6章

ほんとうの人間としての強さとは

カウンセラーを目指すうえで、もっとも必要なこと

　しばしば、こんなふうにたずねられることがあります。「カウンセラーに向いているのは、どんな人ですか」「カウンセラーになるにはどのような資質が必要でしょうか」。この問いにはさまざまな答えがあると思います。

　「ひとのこころに対する感受性が高く、共感力に秀でた人」、「相手の気持ちに同情しすぎたり、巻き込まれたりしない冷静さのある人」、「面接だけにとどまらず、それをもとに研究活動ができる人」など、さまざまな答えがあります。

　こうした問いに対する、唯一の正解など、もちろん存在していません。これらの答えもすべて正解ですし、また逆にいえば、どの答えも部分的な答えにしかなっていない、といえるでしょう。

　この問いに限らず、人間のこころにかかわることについては、何をいっても半分真理で、半分うそ、になってしまうところがあります。

　それを承知で、あえて私は、先ほどの問いに、次のように答えてみようと思います。

　どの人もカウンセラーになれるということもできますし、また、どの人もカウンセラーに向いているとはいい難い面があるようにも思います。つまり、生まれながらの、天性のカウンセラーのような人は、この世に存在しないように思います。しかし、あえて言わせていただくと、カウンセラーを目指す人に、もっとも必要な生き

る姿勢、ということについては、いえることがあるように思います。それは、次の3つの条件を満たしているということです。

【条件1】本気で生きること

　1つは「本気で生きること」です。クライエントの多くは、本気で生きています。本気で生きてきたからこそ、彼らは絶望し、傷つき、病気になったのです。本気で仕事をしたからこそ、失敗して大きく傷つき、こころの病にかかってしまったのです。本気で恋をしたからこそ、恋に破れたことで傷つき、「あの人でなくてはどうしてもだめなんだ……」と最愛の人を失った喪失感に苛まれ続け、悩み苦しむのです。本気で夫婦関係に取り組んできたからこそ、お互いに不満が募り、コミュニケーションができなくなって、悩み苦しんでいるのです。

　仕事でも、恋でも、家庭生活でも、人生でも……もしも「本気で生きる」のをやめて、適当なところで妥協し小賢しく生きていくことができていれば、大きな悩みや傷を抱えることもなく生きていくことができたでしょう。

　人間は、真摯に自分自身と向き合い、自分に正直に、かつ、真剣に生きていこうとするならば、痛みや傷つきを避けることはできないのです。

　クライエントがこれほどに真剣に、本気で生きていて、それがゆえに傷を抱えて苦しんでいるのに、カウンセラーのほうは妥協の産物で生きており、本気で生きていないと、そのことは必ず、クライエントに伝わってしまいます。

「こんな、妥協の連続となれあい、もたれあいで生きている人には、私の気持ちがわかってもらえるはずがない」と気づかれてしまうのです。

「カウンセラーを目指すうえで、もっとも必要なことは、あなた自身が傷つきを恐れず、本気で生きることだ。カウンセリングの面接のなかで、必ずそこのことが問われます」と私は申し上げたいと思うのです。

【条件２】自分を深くみつめる

カウンセラーになるうえでもっとも大切なことの２つめは、自分自身の内側の、傷つきや、揺れ動く気持ちとしっかり向き合い、ていねいにつきあっていくこと、自分を深くみつめ続けることです。

具体的には、さまざまな自分自身を深くみつめる気づきのワークショップ（体験型研修会）に参加したり、自分自身がカウンセリングを受ける（教育分析）などして、しっかりと自分をみつめていくのです。

ただ、本気で生きて、傷つきを抱えて生きるだけでは、クライエントと同じです。カウンセラーを目指す人は、そんな自分自身を深く、しっかりと、ていねいにみつめて、そこから必要な気づきや学びを得て、自己成長につなげていく必要があります。

ウーンディド・ヒーラー（傷ついた癒し手）という考えがあります。自分自身、さまざまな苦しみを体験しこころに傷を抱えた人間のほうが、いい癒し手やカウンセラーになることができる、という考えです。私も基本的には、賛成です。

　自分がクライエントの立場、つまり、相談する側のほうに立って考えてみれば明らかでしょう。

　たとえば、いろいろなつらいことが重なって、「もう死んでしまいたい」といった気持ちでいるとしましょう。

　そんなとき、あなたは、どんなカウンセラーになら話を聴いてもらいたいでしょうか。あくまで研究対象として、心理学を学んできて、自分自身としては、本気で悩んだり苦しんだりしたことはない、といった人に、あなたは相談する気がするでしょうか。私は、ぜったいに嫌です。

　相手が医者で、お薬をもらいに行くのが主目的なら、まだいいでしょう。しかし、カウンセリングを受けるとなると、話は違ってきます。

　私がクライエントであれば、カウンセラーが、自分が研究している治療法を応用する対象としてこちらをみている雰囲気を感じた瞬間に、「もう来週は行くの、やめにしよう」と思うでしょう。

　私は、もともと、生きるのがあまり上手な方ではありません。それなりにつらく苦しい体験を重ねてきました。しかし、クライエントとしての体験はありませんでした。

　あるとき、クライエント体験のある友人から「こころの次元に降りてこない感じ」についての話を聴かせていただきました。

　友人の話によると、カウンセラーに一度聴いていただいただけで「もう、この人に話すのは、二度といやだ」と思ったカウンセラーの方が何人もいたそうです。そして、そのカウンセラーに共通していたのは、こちらの悩み、苦しみ、のたうち回っているこころの次

元には、けっして「降りてこない感じ」だったそうです。

　それらカウンセラーは、みんな偉い大学の心理学の先生でしたが、「あぁ、この人たちは、私が今、体験している悩み苦しみと、同じような強さ、深さの悩み苦しみを体験していないか、体験していたとしてもしっかりみつめずに流していたのだろう。だからこうやって、偉い大学の先生になれたのだろう……この人たちに、けっして私のつらさ、苦しさなんか、わかるはずがない」という気持ちにさせる人たちだったそうです。この話を聴かせていただき、反面教師としてのカウンセラーの姿を学ばせていただいた感じでした。

　しかしその一方で、同じように偉い大学の先生であっても、そうでなくても、「この人になら、素直に話せる。ていねいにわかってもらえる」という気持ちを抱くことができたカウンセラーもいたそうです。

　その方々に共通していたのは、「あぁ、この人も、自分の気持ちを誤魔化せない人で、だから、それなりの傷つきや、諦めや、悲しみを抱えて生きていかざるをえなかったのだろう」と、その言葉や存在感から感じられる方々だったそうです。

　カウンセラーを目指す人は、まずは、とことん自分の気持ちに正直になって、そこから逃げ出さずに自分と向き合って、生きていかなくてはならない。自分の内側の混沌としたこころの世界に「とどまり続ける力」をもたなくてはならない。自分を誤魔化している人に、カウンセラーになる資格はない。そういうことなんだと私は確信しました。

　したがって、カウンセラーを目指すうえでもっとも大切なことは、

まず、「本気で生きること」「とことん自分に向き合い、自分から逃げず、自分に正直に生きること」です。

　しかし、自分自身のこころの傷に捕らわれたままでは、クライエントの方のお話を受け止めていくことは困難です。クライエントの方の悩み苦しみを聴かせていただくなかで、自分自身のこころの傷に由来する感情が混ざりこんでしまうからです。

　自分に正直に生きれば、どうしても、こころに傷や深い悲しみ、諦めを負って生きていかざるをえなくなります。

　いつまでもクライエントでいるのであれば、「私は苦しい」と言い続けていればいいのでしょうが、カウンセラーであるためには、少なくとも、自分自身のこころの傷や揺れと、ある程度の「距離」をとり、「眺める」姿勢を保つことができるようになっていくことが必要でしょう。それができないと、クライエントの感情に簡単に巻き込まれてしまうと思います。

【条件３】クライエントの傍らにとどまり続ける

　今の点とも重なりますが、カウンセラーを目指すうえでもっとも大切なことの３つめは、クライエントが話すどろどろした気持ち、あいまいな気持ち、暗い森のなかをさまようような気持ちなどから逃げ出さず、しっかりとそこに「とどまり続けることができる人」であることです。

　これができないと、クライエントの苦しい話を聴き続けるのが苦しくなり、そこから逃げ出したくなってしまいます。そして、「もっとほかの道を探しましょう」とアドバイスしたり、「きっとあな

たならできますよ」と励ましたり、前向きに考えるように促したりしてしまいます。

　けれども、そんなふうに接せられたクライエントは、何か「置いてきぼり」をくったような気持ちになるのです。

　「先生、励ましていただいて、ありがとうございました」などと言葉で言いながら、こころの内では、「この人にはわかってもらえない」という気持ちを募らせて、次回からキャンセルして別のカウンセラーをたずねることもあります。

　クライエントがカウンセラーに求めることは、クライエントのこころの次元に「降りてきてくれる」こと、そして、いっしょに「とどまっていてくれる」こと、こちらの「痛み」を「共有してくれる」ことです。

　クライエントの痛みを、クライエント側に立って、クライエントの位置まで降りてきて、いっしょに感じ、共有してくれること。ほんの少しでいいから、クライエントの痛みを聴くことのできる人です。

　人の話を聴かせていただき、「それは痛い」とリアルに感じたときに、こちらのこころも実際に少し「痛んだ」感じがする、あの感じです。

　クライエントは、本気で生きています。そして、本気で相談にいらっしゃいます。いやしくもカウンセラーを目指すのであれば、「クライエントの方が、私よりも、ずっとちゃんと生きてこられて……だから傷ついて、病気になられたのかもしれない……」といった敬意を抱くことを忘れないようにしましょう。

そして、クライエントの「暗闇をさまよう、どんよりとしたこころのプロセス」から、けっして逃げないことです。その深さ、暗さの次元、こころの闇の世界から逃げ出さずに、しっかりとそこにとどまり、寄り添い続けられることが大切です。

こうした「ほんとうの人間としての強さ」が、カウンセラーを目指す人には、求められるのです。

コラム 13 : 人間関係をよい方向に導くために

「人付き合いは難しい」と感じている人は少なくないでしょう。かつて、私もそのうちのひとりでした。自分がどう思われているのか気になってしまい、変に気を遣いすぎてしまい、気疲れした経験があります。なんとなく、他人の気持ちに敏感になってしまうのでしょうね。

人が嫌いなわけではないのですが、気疲れするのが嫌で、他人とのかかわりがつい億劫になっていたこともありました。

こころのなかに「人によく思われないのではないか」という不安を抱いている人は、「人にどう思われているのか」ということを気にするものです。

そうした不安の裏側には、「自分はよく思われないだろう」ということを信じている自分が存在します。さらに、その裏側には、「自分が自分のことをよく思えていない」という心理もあります。つまり、「自分が自分のことをよく思えていない心理を外に投影している」状態です。これを、投影の心理といいます。私たちは、自分のこころのなかにあるものを外に映し出してしまうことがよくあるということです。

春になると桜の花が咲き、やがて散っていきます。花びらが散っていく現象は同じであるのに、花吹雪をみて、「はかないなぁ」と感じて、ため息をつく人もいます。また、「わぁ、きれい」と感じる人もいます。おそらく、そのときハッピーな気持ちであれば「わぁきれい」と感じるのでしょうし、ブルーな気持ちであれば「はかないなぁ」と感じるのでしょう。このように、私たちには自分のこころにあるものを、外の現象を通してみているのです。

　自己否定ばかりしていると、他人にどうみられるのかがすごく気になります。しかし、それは自分のこころを相手に投影しているだけのことなのです。

　人間関係をよい方向に導くためには、他人とのつながりやかかわりをもっと楽しめるように、自分のこころの内側を変えていけばよいのです。

　自分のことをよく思うようになると、こころはそれを投影します。すると、「私が自分について肯定的に捉えているように、他人も私のことを肯定的に捉えてくれるのではないだろうか」と思えるようになるものです。

　自分を肯定的に捉えられるようになりますと、こころは安定してきます。他人と話をしているときでも、緊張状態から解放されるため、他人との会話を自然と楽しめるようになります。他人の顔色をうかがう必要もなくなってきますので、意見を交わせる関係性を構築することもできるようになります。

　このように考えると、他人とのかかわりやつながりを楽しむゆとりが生まれてきませんか？

　自分のいいところをたくさんみつけるようにしましょう。そうすれば、自分を肯定的に捉えられるようになり、他人との関係もよい方向に変化させることができます。

コラム14：動くことによる思考の変化

物事がうまくいかないとき、「私の努力が足りない」「頑張りが足りない」と自分を責め続ければ、「もう少し努力をしなくてはいけない」という一定の結論がでます。しかし、この結論は苦しいです。苦しいですが、自分に能力がないと決めつけるのもさらに辛いことですから、やはり、「努力しなければ」と言い聞かせるしかありません。

人間関係で考えてみます。人間関係がうまくいかない人も、自分のどこが悪いのかを思い悩み、直せる部分は直そうと努力します。しかし、やはり自分が失敗したり、自分が変わらないことに失望したりします。たとえば、自分の短所を直そうとしても、簡単に直りません。いつものように小さなことでつまずくと、「また失敗しそうだ」と気持ちが萎縮します。

他人の何気ない一言が気になって仕方がないというタイプの人は、日ごろ、「気にしない！」と自分に言い聞かせようとします。「相手も悪気があるはずない、私が気にしなければよいのだ」と言い聞かせ、カチンとくることがあったとしても、自分の感情を抑えようと努力します。すると、当然、不愉快になります。感情を抑えることは楽なことではありませんし、表面的に平静を保っても、こころが乱れている自分に気づくからです。何とかその場は切り抜けても、不愉快になれば意味がありません。

結局、「私はダメだ。やはり努力が足りない」と落ち込んでしまうでしょう。これでは何も変わっていないことになりますね。

こういうときは、"変化"をキーワードとし、どんどん動き、自分自身への見方を変えてみることをお勧めします。行動により思考の変化を試みるの

です。

　行動することで、自分のさまざまな側面がみえてきます。それにより、今まで気づくことができなかった自分のよさや、自分もまんざらでもないという楽な気持ちを取り戻すことができます。

　人間関係を例にとり考えてみましょう。いつも同じメンバーとだけつきあっていますと、自分の立場や印象は固定化されます。自己主張できない人は、「あの人はおとなしいから、文句などいわない」と思われていますから、そのメンバーのなかでは、いつも同じ役割を演じるものです。

　こうした状況では、本人は常に自分の自己主張のできないところを認めてしまいますから、「だから私はダメなのだ」と思い込んでしまいます。

　このような思考から抜け出すためには、まずは動き、行動し、周囲の状況を変えることがよいと思います。

　どんな動きでもかまいません。パック旅行への参加、おいしい店探しなど、ひとりで動き、身の回りの空気を入れ替えることです。このようにすれば、気分が変わるだけでなく、いつもの思考パターンからも抜け出せます。

　自分の短所は自分自身が一番気にしているものです。自分が優柔不断だと思っていても、他人は案外、違う印象をもっているものです。「彼はのんびりしているけれど、やることはやる人」という程度の印象しかなかったりするものです。

　行動パターンを変えないと、思考回路もそのままになります。嫌なこと、気になることがあっても、我慢して受け入れるしかなくなります。これでは、いつまでも自分の短所から目をそらすことはできません。

　些細な行動に変化をつけることで、自分自身にみえてくるものや周囲の人が皆さんに抱く印象が変わる可能性があります。

成長はあとからついてくるものです。まずは変化を起こすことからはじめてみませんか。

コラム15:「気にしないで!」と自分に言い聞かせましょう

　日本人はきっちりしているとよくいわれます。仕事の場面でもそのことは反映されているようです。企業などでは仕事上のクレーム処理の電話対応場面でも、「申し訳ございませんでした、直ちに調べてみます」と自分のミスではないのに、謝った上で、会社のミスは自分のミスという勢いで、問い合わせについて必死に調べることもあります。

　このように、いつもきっちりしていると、きっちりしていないことがストレスになってしまうこともあります。

　何年も前の話ですが、高校生のボランティアツアーの引率で、よくタイを訪問しました。レストランで食事をすることになるのですが、当然、言葉は通じません。しかし、観光客向けに、現地タイ語のメニューとは別に、写真が掲載された英語表記のメニューがありました。高校生は、料理の写真を指して、「これください」とそれぞれ注文していました。

　ところが、あるひとりの生徒の料理だけ、注文した内容のものとは別の料理がきてしまいました。高校生は、しどろもどろになりながらも、身振り手振りを交え、店員に料理が違っていることを訴えました。

　店員に内容は伝わったようですが、返ってきた言葉は、笑顔で「マイペンライ」の一言で、交換してくれるわけではありませんでした。

　これが日本でしたら、「申し訳ございません。直ちに注文の品をもってまいります」と店員が頭を下げるシーンです。

「マイペンライ」はタイの言葉で、「気にしないで」「どんまい」という意味です。私はこの言葉が大好きです。

「気にしないで」といわれると、「なんていいかげんだろう」と思うかもしれませんが、この「気にしないで」が結構重要なのです。

カウンセリングのなかで、「気にしない」と思うことをとりいれるようにすると、こころが疲れにくく、自分を責めることが少なくなるため、そうした考え方をとりいれるように促すことを心がけています。

「もっときちんとしなければ」という思いが強いと、自分がきちんとできていないことがますます気になります。自分で思っている基準に到達しないときは、「もっときちんとしなければいけないはずなのに」と思ってしまいます。

「きちんとしなくてはいけないはずなのに」の後には、たいていネガティブな言葉が続きます。自己否定するような言葉、自分を惨めにするような言葉、こころが疲れてしまうような言葉、今後のモティベーションが上がらないような言葉などが続きます。これでは、自信を失い、こころが疲れ、自分を嫌いになるばかりです。

「もっときちんとしなくてはいけないはずなのに」と思うことがあれば、「いけないはずなのに」の部分を手放すようにしましょう。

「もっときちんとしなくては」と思うことは、今よりもよくなろうと思っているはずです。進歩しようと思っているわけですから、ちょっとした進歩に目を向けてみてはいかがでしょう。「要領よく仕事をしているとは言い難いが、残業が減ったということは、少しは要領よくなれたかな」という感じに、ちょっとした進歩をみつけてください。

「マイペンライ」＝気にしないで。ほっとしませんか。この言葉が「いいか

げん」に聞こえたら、「好い加減」という漢字に書き換えてみてください。「きちんとできなくてもよい」「ちゃんとできなくてもいい」ということを自分に許してあげましょう。「気にしないようにしよう」「だいたいでいい」という考え方を、少しずつ日常生活のなかに取り入れてみてください。ちょっと「いいかげん＝好い加減」になることを許してあげてみてはいかがでしょうか。

第7章
カウンセリングの学び方

カウンセリングの学び方

1. 自己の関与

　カウンセリングをどう学ぶか、その考えは人さまざまです。

　心理学としてのカウンセリング、すなわち「カウンセリング心理学」を志向する立場においては、こう考えます。「カウンセラーは実践家であるとともに、科学者でなくてはならない。だから、カウンセラーとして他者の援助をするだけでは十分でない。そこから導き出された知見を普遍化し、一般化するための努力が必要になる」と。このような考え方は、アメリカの心理学部で養成される「カウンセリング心理学」の顕著な考え方で、それは、「サイエンティスト/プラクティショナー・モデル（科学者/実践家モデル）」と呼ばれています。

　これに対して、研究能力よりもはるかに強く、また、深く、「自己の関与」を求める立場があります。カウンセリングの流派でいえば、「実存」とか「人間性」「ヒューマニスティック」「パーソンセンタード」「トランスパーソナル」といった看板を掲げている立場が、この「自己の関与」を強く求めます。「ユング心理学」も同様でしょう。これに対して「認知行動論」を標榜する立場のカウンセラーは、あまりこの「自己関与」を求めないように思います。「認知行動論」の立場では、誰がやっても同じ仕方で同じ成果が出るカウンセリングをよしと考える傾向が強いようです。

　たとえば、マクドナルドのハンバーガーはどこのお店で誰が作っ

ても同じ味を味わえますよね。カレーやラーメンの全国チェーンも同じです。どこの店で、誰が作っても、同じ味を提供できるわけですが、「認知行動論」のあるカウンセラーの方から、カウンセリングも同じように、誰がやっても同じように展開できることが望ましい、という考えをうかがったことがあります。

これに対して、ロジャーズ派や実存派、ユング派、トランスパーソナルなどの立場のカウンセラーは、「自己の生き方をきめる」ことが、「カウンセラーとしての自己成長」にもつながり、それがひいては「自分自身のユニークなカウンセラーとしてのあり方」を決めていくことにもつながる、と考えます。

カウンセラー・トレーニングにおいては、理論の学習や技法の学習以上に、その人自身の「生き方」を磨くこと、自らの人間性を深めていくこと、また、そうした「自己」を徹底的にみつめることがきわめて大きな意味をもつ、と考えられているのです。

◆カウンセリング学習の4つの柱

それでは、そうした立場で考えると、カウンセラーになるためには、どのような学習が必要でしょうか。

カウンセリング学習の基本的な柱として、「カウンセラーのこころ」「カウンセリングの理論」「カウンセリング技法のトレーニング」「カウンセリングの実践」の4つが考えられます。

「カウンセリングの理論」や「カウンセリング技法のトレーニング」はわかりやすいでしょう。講義や読書を通して理論を学ぶとともに、話し手と聴き手がペアになってカウンセリングのロールプレ

イや、より実践に近い体験をする試行カウンセリングなどの実習を
何度も行うことで、模擬的なカウンセリングを体験し、みずからの
技術を磨いていくのです。
　しかし、実は、カウンセラー・トレーニングにおいても最も重要
で、かつ多くの時間やエネルギーの投入を求められるのが、「カウ
ンセラーのこころ」と「カウンセリングの実践」（事例検討やスー
パービジョン）の学習です。

◆カウンセラーのこころ
　カウンセラー・トレーニングにおいて、ほかの技術職のトレーニ
ングと最も異なるところは、「カウンセラーのこころ」にかかわる
学習が求められることでしょう。
　カウンセリングというのは、どれほど多くの知識を身につけ、ま
た、どれほど多くの技術を訓練したとしても、最終的には、裸一貫、
自分のこころを唯一の仕事の道具として提供するようなところが
あります。クライエントの方の話を虚心に聴かせていただく。さま
ざまな思いやイメージがカウンセラーである自分のなかに浮かん
でくる。その内側での動きに耳を澄ませながら、言葉やイメージに
つむぎ上げていく。そして、そこでつむがれたものを相手に伝えて
いく。こうした作業に取り組んでいくなかで、カウンセラーには、
自分のこころの微妙な動きにどうかかわるかが問われていきます。
　また、それ以前に、カウンセラー自身のこころに柔軟性がなく、
固い価値観や常識にあまり強くとらわれてしまっていると、クライ
エントの話をよく聴けなくなってきます。いくら虚心に耳を傾けて

いるつもりでも、クライエントの話が「入ってこない」こころの状態にすぐになってしまうのです。

　というのは、当然のことですが、カウンセリングの場にクライエントとして訪れる方の多くは悩みを抱えています。そして、その悩みはどこから出てくるかというと、どうしてもうまく生きることができなかったり、自分の気持ちに正直に生きようとすると、自分がそれまでもっていた価値観や常識とぶつかったりすることで、自分を責め、苦しんでいることが少なくありません。

　たとえば、妻子ある男性をどうしようもなく強い気持ちで愛してしまい、恋に落ちてしまった女性がいるとしましょう。彼女はけっして浮ついた気持ちで恋愛をしているのではありません。元来とてもまじめで、良識的な方です。

　けれども、運命に導かれるようにして、世間からみれば「不倫」とよばれるような状態になってしまった。そのことで自分を責め、どうしていいかわからなくなってしまったのですが、身近な人には誰にも打ち明けることができずに、カウンセラーのところに相談にきたのです。しかし、そのカウンセラーが常識にガチガチに縛られていて、「やはり不倫はよくないですね」「相手の奥さんに申し訳ないと思わないのですか」などと言われるようなものなら、クライエントの方は「こんなところに相談に来るんじゃなかった」と大きく落胆することでしょう。いや、あからさまにそのようなことを口にするカウンセラーはほとんどいないにしても、ちょっとした言葉の端々からそうした価値観が伝わってきた途端に、クライエントの方は、「この人にはとてもわかってもらえない」という気持ちがわい

てきて、こころを閉ざしてしまうでしょう。

　その意味で、カウンセリング学習においては、みずからのこころの動きや価値観へのとらわれなどをていねいにみていき、自覚（気づき）を深め、「何ものにもとらわれない自由なこころの状態」を作っていく必要があるのです。

　クライエントの方は、みずからの人生をかけて、命がけで相談にきます。先に「カウンセラーになるうえでもっとも必要なこと」として、私は「本気で生きること」（本気で仕事をする、本気で恋愛をするなど）を挙げました。本気で生きるがゆえに生まれてくるさまざまに傷ついたこころを抱えているクライエントの方を受け止めることはとうていできないからです。

　また、そればかりでなく、さまざまな体験的な学習会（ワークショップ）に参加したり、自分自身がクライエントになってカウンセリングを受けることを通して、徹底的に自分をみつめていく必要があります。そのことによって、絶えず自分のこころの深いところで、こころの動きをみつめるとともに、いかなるとらわれからも自由になって、クライエントのこころをそのままに受け止めることができるこころの状態をつくり上げていく必要があるからです。

◆カウンセリングの実践（事例検討・スーパービジョン）

　そして、それと同じように重要なのが、「カウンセリングの実践」（事例検討・スーパービジョン）です。

　どれほどカウンセリングの理論や技法を身につけたところで、実際にカウンセリングをおこなわなければ、できるようにはなりませ

ん。研究がよくできる医師でも、必ずしも治療がうまいとはいえないのと同じです。実際に事例（ケース）を担当し、カウンセリングをしているうちに、カウンセラーの力量も形成されてくるのです。

　しかし、とにかく数をこなしていればうまくなる、というわけでもありません。

　自分のおこなったカウンセリングの事例について、熟練した信頼できる指導者のもとで、ていねいに検討していくことが重要です。これを「スーパービジョン」といいます。

　個人スーパービジョンは、面接をていねいに、かつ深く検討していくうえで役立ちますし、グループ・スーパービジョンは、同じ程度の経験をもつ仲間たちのカウンセリングの実際を聞き、それに対する指導者の助言も聞くことが大きな学習につながります。

　これも両方を経験するといいでしょう。

　また、スーパービジョンのほかに、1つの事例に対するカウンセリングをある程度（半年から1年くらい）おこなったうえで、それを何人もの参加者の前で報告し、さまざまな角度からの指摘やアドバイスをもらう事例検討会もあります。こうした機会に積極的に参加していかなくては、カウンセリングの力量は上がっていきません。

　「カウンセラーのこころ」「カウンセリングの理論」「カウンセリングの技法のトレーニング」「カウンセリングの実践」の4つの柱のいずれも深く学んでいくことで、はじめて、カウンセラーとしての学習が深められていきます。それは必ずしも平たんな道ではありません。

しかし多くの方が、いったんカウンセリングの学習を始めると、そこから抜け出ることができなくなります。それは、カウンセリングの学習を通して、人生の真実にふれる体験をみなさんがもたれるからだと思います。

カウンセリングの学習を通して、多くの人の人生が変わり始めます。カウンセリングの学びを通して、より深く自分自身と向き合い、より深く他者とふれあうような生き方が可能になってくるのです。

コラム 16："自分の人生" を描いてみては いかがでしょうか

カウンセリングで話を聴かせていただいていると、次第に自分のことがみえてくる人がいます。人間関係で疲れている人の多くは、自分の人生の全体を見直すゆとりがないようです。職場や学校などで、目の前にいる人とのつながりを、その場その場で維持することで精いっぱいのようです。「あの人にこんなことを言ってしまった」「自分はあの人からどのように思われているのだろう」ということで、頭がいっぱいになってしまうのです。

カウンセリングのなかで自分のことをたくさん話していると、自分のことがだんだんみえてきます。「今の自分は、こんなところに引っかかっていたのだ」と自分の問題に気づきます。

人はだれでも自分ひとりで自分のことをみつけていくのは、難しいと思います。そのようなときは、カウンセラーなどの専門家にお手伝いを求め、自分の人生をていねいにみつめ直す時間をもつようにしましょう。

　私は、毎日を忙しくしている人たちにこそ、自分自身をみつめ直す時間を定期的にもつことができるようにしてほしいと願っております。

　自分でできるセルフ・カウンセリングの方法として、「ライフライン」を描くやり方があります。縦軸に満足度、横軸を年齢とする簡単な座標軸を作成するのです。

　「6 歳の時、初めての遠足が忘れられない楽しい想い出だった」

　「小学校 3 年の担任の先生がすごく厳しかった」

　「中学 3 年の部活の引退試合、決勝で負けた悔しさが今でも忘れられない」などと、出生から現在までを振り返り、「ここは何点」と満足度を点数化し、実線で結びます。

　現在の年齢までできたら、「50 歳にはこうなっていたい」「60 歳でこんなことがしたい」とイメージを思い浮かべ、ここから先は点線で描きます。

　このような簡単な「ライフライン」を描くだけで、自分がこれまでどのように生きてきたのかがわかります。さらに、この先の自分の人生をどのように描きたいのかもある程度わかります。

　私たちは誰でも、「自分の人生」というこの世でたった 1 つの作品を描きだすアーティストともいえます。人生の主人公は自分自身です。そこでは、自分自身がシナリオ・ライターでもあり、プロデューサーでもあります。人生のビジョンを描くということは、生きるということを、自分の人生という作品づくりとイメージすることでもあります。そのような意識をどれだけもって生きるかにより、人生はずいぶん変わると思います。

　自分の人生の脚本を作ることができるのは自分だけです。ですから、自分がないということは、他人の人生をコピーして生きていくしかないのです。

私はカウンセリングで、その人が自分自身をみつめていくお手伝いをしています。自分自身のことを少し離れた地点からみつめてもらうのです。

　これと同じことが、1枚の紙とペン1本で簡単にできます。たった1度の自分の人生をどう生きているのか、また、この先どう生きようとしているのか。常に意識して生きていくことが、大切だと思います。ひとりの時間、すなわち、自分と深く向かい合う時間をより一層充実させたいものですね。

コラム 17：ダメな人間なんてどこにも存在しません

　ある日、仕事中にAさんは、目が疲れて少し目を閉じていました。すると課長に、「サボっているの？　まだ、仕事終わってないですよ」と注意をされました。Bさんも同じように目を閉じていたのですが、Bさんに対して課長は、「いつも頑張っているから、疲れているのかもね」とやさしく声かけするのです。

　Aさんは、Bさんと同じように目を閉じているのに、どうして自分は注意されるのだろうと、課長に対して憤りを感じてしまいました。

　その後、AさんはBさんと共同で仕事することになりました。Bさんは自分の役割を手際よく片付けていました。しかし、Aさんは以前のことが気になり、思うように仕事が進みません。Bさんが自分の仕事を終え、ゆったりしていると、「自分の仕事が終わったのならば、声をかけて手伝ってくれてもいいじゃないか」とBさんをつい責めたくなる衝動にかられてしまいます。ひがんではいけないと思っていても、Aさんはどうしても自分をコントロールできません。それだけではありません。課長の姿をみるだけで、また、課長に注意されるのではないかと、あのとき以来、緊張の毎日が続いて

います。

　そんな A さんの心情を察したのでしょうか、ある日、B さんが「A さん、よかったら手伝いますよ。一緒にやりましょう」と声をかけてきました。A さんは、なんと答えたらよいのかわからず、「はぁ……」と戸惑ってしまいました。

　実は A さんと B さんは同期のライバルでした。A さんの心情は複雑です。B さんに手伝ってもらい、B さんが手際よく仕事をこなせば、また同期の B さんに差をつけられてしまう、と余計なことまで考えてしまい、A さんはますます落ち込んでしまいます。A さんは、勝手に B さんと比較し、「自分はダメだ」と思ってしまっています。

　人は、何もかも面倒だと思っているときは、A さんのような気持ちになりがちです。A さんは、どちらに転んでも否定的な見方しかできていません。ですから、どんどん自信を失っていくのでしょう。これでは、いつまでたっても"自分はダメな人間"だというレッテルがはがれません。

　A さんも勇気をもって B さんに、「B さん、悪いけどこの仕事、少し手伝ってくれないかな?」と頼むことができれば、少しは自信が回復するかもしれません。A さんは「B さんに仕事を頼むなんて、ますます自分が惨めになる」と、思っていることでしょう。確かに、今はハードルが高く、頼むことができなくても、せめて、「いつかは頼めるといいなぁ」という気持ちはもちたいですよね。

　どんなことにでもいえることですが、「できない」ことは悪いことではありません。A さんが、「B さんに仕事を頼むことなんてできない」と思ってしまうのは、たぶん、そう考えてしまう理由があるのでしょう。厳密にいえば、過去の経過がそのように考えさせてしまうのです。ただ、今その理由を解明

する必要はありません。今Aさんが考えるべきことは、「いつかBさんに仕事の依頼ができればいいなぁ」とこころから思うことです。

　誰にでもいえることですが、私たちが今できないことは、一生の時間をかけて、少しずつできるようになることを目標とすればよいのです。人生のなかでの大きな課題ですから、「いつか、できるといいなぁ」という気持ちで前向きに向き合うことが大切だと思います。自分より"できる"と思う相手に"手伝って"とお願いできる私をいつもイメージしているだけでも十分だと思います。

コラム18：こころを疲れさせる考え方

　「あぁ、面倒くさい。自分で考えてみたらどうなんだ」「こんな簡単なことも操作できないのなら、初めから買わなければいいんだ」

　声に出して読むだけで腹立たしくなりますが、これはすべて他人のことで腹を立てています。

　このように他人ばかりみていますと、頭のなかは他人のことでいっぱいになり、知らず知らずのうちに、他人のいうことに囚われ、自分のことがすっかり留守になってしまいます。日ごろより、自分のことをしっかりみていなければ、自分のことを伝えたいと思っていても、自分の気持ちはみえませんので、表現することはできません。

　他人のことをいうことには慣れていますが、自分の感情や気持ちを表現することが習慣化されていませんので、もしも自分の気持ちに気がついたとしても、気持ちのいい表現の仕方にはならないと思います。

　他人のことを考えることが習慣化すると、このように、他人のことで腹を立ててしまいます。腹を立てている自分を冷静にみつめてみてください。他人のことで腹を立てるなんて、ずいぶん苦しくて、しんどいことではないでしょうか。

　よくある親子のやり取りです。娘さんが自分の部屋で好きな本を読んでると、母親が大声で、来るようにと呼びました。娘は母親のいる部屋に顔をだし、「どうしたの？」と尋ねると、「買ったばかりのスマホの設定がわからないの！」と言いました。「もう少し待って」と娘さんは答えましたがやや感情的になっていました。しかし、母親の「早くしてよ！」の声に引きずられ、しぶしぶ母親のところに行き、「何よぉ」と面倒くさそうに言い、スマホを奪い取りました。娘さんのうんざりした顔をみて、母親は「何よ、聞いているだけじゃない」と母親も機嫌を悪くしたため、娘さんは思わず、「少しは自分でやったらどうなの。いつも聞いてばかり。できないなら買わなきゃいいのよ！」と言ってしまいました。

　娘さんはきっと「母親に呼ばれたけれど、まだこの本を読んでいたい」「読むのを中断するのは嫌だ」「行きたくない、面倒だ」という気持ちや感情を抱いています。しかし、「読んでいるから仕方がない」「続きを読みたいのに、もう！」「いつもこうなんだから！」と、母親のことに囚われているせいで、自分の本当の気持ちに気づいていないのです。

　他人のことばかり考えていますと、自分の気持ちよりも「しなければならない」と思い込んでしまっています。

　母親が自分を呼んでも、それをこころから断る自由があるということに気づいていません。もちろん、頭で考えれば「当たり前ですよ」と言いたくなります。しかし、知識で理解することと、感情のレベルで実感を伴って理

解することとは違います。自由という文字を読めても、その自由さをこころで認めていることとは違うのです。

　他人がそういえば従わなくてはならない、他人が禁止すれば、したくてもしてはいけない、他人がそういえば、辛くてもしなければならないなど、自分の感情を無視してこころを疲れさせる考え方で自分を縛り、自分に指示したり強制したりすれば、相手に対して怒りのエネルギーをぶつけたくなります。

　「今ね、私本読んでいるの。とても面白くて。今佳境に入っているから、この章が終わってからでいいかな」と自分が読書を優先することが、自分がこころから自由になれる気持ちです。自分のこころの声にしっかり耳を傾け、おろそかにしない方がいいですね。

第8章 ロジャーズが語る傾聴の意義

１、クライエント中心療法の効果

　先に、相手の話を聴かせていただくこと（傾聴）の大切さについてはふれさせていただきました。そこで、傾聴の意義について述べる前に、傾聴をもっとも重視して進められるクライエント中心療法の効果にかかわるリサーチについて説明させていただきたいと思います。

１）傾聴の効果にかかわるリサーチ①

　1989 年にアメリカで行われたエルキンとその共同研究者らによる国立精神保健研究所のうつ治療共同研究プログラムでは、うつと診断されたクライエント群に対して、無作為統制法を用い、それぞれ 16 セッションの抗うつ剤治療、認知行動療法、対人関係療法の実効性が比較されました。それによると、"重い"うつ病の場合は、抗うつ剤治療のほうがやや効果が高かったのですが、軽度のうつの場合は、認知行動療法や対人関係療法といった心理療法のほうが効果がはるかに高く、また認知行動療法と対人関係療法の間には、大きな効果の差が認められませんでした。ここでいう対人関係療法は、傾聴を含めクライエントの内面の理解やセラピストとの関係そのものに焦点があてられるかかわり方です。

2）傾聴の効果にかかわるリサーチ②

　2000 年にイギリスでおこなわれたキングとその共同研究者らでおこなわれたリサーチがあります。イギリスの医療制度は、一定の地域ごとに医療センターがあり、そこに勤める医師たちは GP（日本

でいうかかりつけ医）とよばれていて、頭痛や腹痛から精神的な不調に至るまで、まず GP の初期診療を受けます。その結果、専門的な治療が必要な場合には、専門病院に委託されますが、軽度の場合は、そのままその医療センターで治療を受けます。GP からうつと診断された成人クライエントを無作為に振り分けて、最長で 12 週間にわたる通常のＧＰによる医療的ケア（薬物治療を含む）、非指示的療法、認知行動療法を適用し効果を比較しました。

　ここでいう非指示的療法は、クライエント中心療法の古いよび方です。効果測定には、うつの様態を把握するためによく用いられているベックの抑うつ尺度（BDI）を用いて、うつの好転の程度を比較しました。BDI は得点が高いほどうつの症状が強くなります。通常 20 ポイントを超えると、日常生活にもおおきな支障があることが予測されています。アセスメントの段階でほぼ同じ程度の高い得点を示していたクライエント群は、4 ヵ月後の BDI スコアが、通常の GP 診療群では、平均約 9 ポイントの減少がみられたのに対して非指示的療法群と認知行動療法群は、どちらも 13 ポイント以上も下がっていたことを報告しています。

　つまり、統計的な一般論ではありますが、BDI スコア 25 ポイント前後の中程度のうつに対しては、たしかな信頼度をもって、非指示的療法や認知行動療法といった心理療法のほうが医療的なケアよりもおおきな効果を上げうる可能性を示しているといえます。また、うつの治療に評判の高い認知行動療法と比べても、非指示的療法群は BDI スコアの減少でそれほどおおきな違いがみられませんでした。

これら 2 つの代表的な効果研究以後、医療的ケアと心理療法の効果の比較研究やクライエント中心療法、認知行動療法、精神分析療法の効果の比較研究がさかんにおこなわれるようになりました。いくつもの似たような効果研究を集めて統計的に分析をするメタ分析や、さらにメタ分析を集めておこなうメターメタ分析の結果からも、重篤なこころの問題は別として、一般にクライエント中心療法、精神分析療法、認知行動療法などの心理療法の効果は、医療的なケアよりもかなり高いこと、また、クライエント中心療法も認知行動療法もそれらの効果において遜色ないことがわかってきています。

　また、クライエント中心療法に比べると認知行動療法の効果のほうが高いという印象がありますが、クライエント中心療法の効果研究が認知行動療法ほどには、積極的におこなわれていないところにイメージの違いがあるようです。

2、クライエント中心療法の本質と傾聴の意義

　精神分析療法でも認知行動療法やほとんどのサイコセラピーやカウンセリングにおいても、傾聴はとても大事な技法です。そのなかでも、傾聴をもっとも重視しているのがクライエント中心療法です。そこで、クライエント中心療法と傾聴との関係を明らかにしておきたいと思います。

　1920 年代中頃からアメリカのニューヨーク州の児童相談所に勤めていたロジャーズは、そこでの心理臨床体験から問題解決を中心にした既存のセラピーにない新しい視点を大切にするようになり、1937 年にオハイオ州立大学の教授になってから、それらの考えを

『カウンセリングと心理療法』にまとめました。

　その本のなかでは、まだロジャーズのカウンセリング理論が明確になっていませんでしたので、カウンセリングはクライエントが自分の内面で体験をしている事象をこころゆくまで語ることによって、“こころの浄化（カタルシス）”状態になり、問題解決にかかわりのあるさまざまな“洞察”に至ると、主に精神分析用語で説明をしていました。また、当時主流であったアセスメント（査定）を重視し、クライエントの問題を突き止めて積極的にその問題の解決のために指導・助言をおこなっていくかかわり方を“指示的アプローチ”、みずからのカウンセリングを“非指示的アプローチ”と名づけて、それまでのカウンセリングと対比しながら彼の臨床的視点を詳細に記述しています。

　この新しいカウンセリング観は、既存のカウンセリングに比べて、カウンセラーの表向きの積極的な関与がきわめて少ないことから“非指示的”という概念を使いました。この“非指示”という、ともすると“何もしない”といった技術的ニュアンスをもつ概念は、新しいカウンセリングの目指すところから目をそらし、誤解を受けやすいことに気づいたロジャーズは、1940年代中頃からは、もっぱら“クライエント中心”の語を用いるようになって、今に至っています。

　つまり、ロジャーズのセラピーのねらいは、指示をするとか指示をしないといった表面的、技術的な問題ではなく、**クライエントが自分の抱える問題やそれに伴うさまざまな内的体験と深くかかわりながら、みずから納得のできる生き方を見い出していくところに**

あったからです。傾聴は、それらを実現していくセラピスト側の代表的な姿勢やあり方の1つとしての意義や意味があります。1つと書いたのは、傾聴はクライエントが自分の抱える問題やそれに伴うさまざまな内的な体験と深くかかわっていくことに、とてもおおきなはたらきをします。しかし、クライエント中心療法は、傾聴だけで成り立っているわけではないからです。クライエント中心療法における傾聴は、ときに積極的傾聴ともいわれることもありますが、単に傾聴だけを身につけようとするとカウンセラーの小手先の技術のようになりがちですので、臨床的に意味のある傾聴をするためにはクライエント中心療法の理論的背景を十分に理解しておく必要があります。

3、自己理論と傾聴

　いくつもの面接を通して、クライエントの変化には予測可能な法則があることに深い関心をもったロジャーズは、クライエントの了解を得て、録音機でとりためた何十本もの面接記録を逐語にし、内容を分析して、その成果を「パーソナリティの体制についての観察」という論文にまとめています。

　その仮説の第1は、「知覚の場の体制と行動の関係」です。人は、さまざまな環境をそれぞれが固有の受け止め方をしています。その固有の受け止め方を「知覚の場の体制」といいます。この仮説では、「知覚の場の体制」とその人の行動が深くかかわっていることを指摘しています。第2の仮説は、自己知覚と適応が深くかかわっていることを指摘しています。

「知覚の場の体制」のなかでもとくに自分についての知覚、つまり「自己知覚」がその人の行動に深くかかわっていることを強調しています。また、「自己知覚」が変われば、その人の行動も変わることを予測しています。いま流にいえば、自己認知はその人の行動と深くかかわりをもっているということです。認知の問題が、認知行動理論として本格的に取り上げられるおよそ 7〜8 年も前のことです。自己にかかわるあらゆる知覚が吟味され、受けいれられるようになると、緊張感や不全感などの心理的不適応領域が減少して適応感が生じ、「自己知覚」にも肯定的な変化が生じるということです。

　第 3 の仮説は、こういった「自己知覚の変化」のための条件として、①「クライエントの自己概念に脅威を与えないこと」と、②「クライエントの自己知覚に焦点をあわせるように援助をすること」を指摘しています。

　1947 年以降は、これらの仮説をたしかめるために、カードに書かれていることが自分にあてはまるかを判断させる Q テクニックなどの方法を使って、ロジャーズや彼の共同研究者との間で、自己にかかわる研究が急速に増えていったのもこのためです。

　1951 年には、それらの成果をまとめて『クライエント中心療法』を著しています。このなかでもっとも注目すべきは、後に「自己理論」とよばれるようになったロジャーズの人間観です。有機体としての人間の基本的な特徴を 19 の命題としてまとめています。クライエント中心療法における傾聴は、これら一連の人間観に深くかかわっていることを強調しておきたいと思います。なかでも、17 番目

の命題に「自己構造になんらかの脅威を感じない状況下で、自己構造に矛盾・対立する経験が検討され、自己構造に包含される」、19番目の命題「有機体経験を自己構造に包含することを通して、現在の価値体系も変化する」は、クライエント中心療法における傾聴の意義にもっとも深くかかわっているといえます。

　言い換えると、**傾聴は、クライエントの自己概念に脅威を与えない状況をつくり出し、自己構造に矛盾・対立する経験を検討し、自己構造に包含されていくのを促進する機能と意義**をもっているといえます。

4、パーソナリティ変化の必要にして十分な条件と傾聴

　ロジャーズは、①クライエントの自己概念に脅威を与えない状況づくり、②その状況下でクライエントみずから矛盾・対立する経験を吟味・検討し、③それらがクライエントの自己に包含されていくための条件を何度も書き直して、「パーソナリティ変化の必要にして十分な条件」としてまとめています。これらはクライエント中心療法における傾聴の条件と言い換えることができます。その条件は、以下の6つです。

① 2人の人が、心理的接触をもっていること。

② 第1の人（この人をクライエントと名づける）は、不一致の状態であり、傷つきやすい、あるいは不安の状態にあること。

③ 第2の人（この人をセラピストとよぶ：以下「セラピスト」を「カウンセラー」とする）は、関係のなかで一致、統合していること。

④ カウンセラーは、クライエントに対して、無条件の肯定的な配慮を経験していること。

⑤ カウンセラーは、クライエントの内的照合枠に共感的な理解を経験しており、この経験をクライエントに伝えるように努めていること。

⑥ カウンセラーの共感的理解と無条件の肯定的配慮が、クライエントとのコミュニケーションのなかで最低限達成されていること。

　この 6 つのうち、とくに③、④、⑤の条件がカウンセラーの基本的姿勢や態度を表すことから「カウンセラーの 3 条件」として知られていますが、ロジャーズは、6 つの条件をひとつのまとまりのセット（必要十分条件）として提言していることを忘れてはならないと思っています。

　つまり、これらの 6 つの条件のどれか 1 つが欠けてもその意味あいがなくなってしまうことを、ここであらためて強調しておきたいと思います。日本では、この 3 つの条件だけが大事にされ 1 人歩きをしている傾向があります。しかし、先の 6 つの条件が整ってはじめてカウンセリング条件として意味があることを忘れてはならないことを強調したうえで、カウンセラーの 3 条件についてふれておきたいと思います。

5、カウンセラーの3条件と傾聴

　カウンセラーの3条件の1つは、関係のなかでカウンセラーが真実（real）でありえるかどうかということです。クライエンとの関係において、カウンセラーは誠実で、裏表なく、素直で、ありのままであり続けることです。クライエントとの関係のなかでカウンセラーが体験している事象が意識化され、クライエントの対話のなかに自然に表れ、カウンセラーとしての自己が瞬間瞬間の体験と完全に1つになっている状況です。クライエントの側からみたカウンセラーは、隠しごとや裏表がなく、誠実さと素直さに満ちている状況です。ロジャーズは、カウンセラーのこの状況を「自己一致」として概念化しています。

　第2の条件は、クライエントが男性であれ、女性であれ、子どもであれ、ゲイであれ、学生であれ、主婦であれ、サラリーマンであれ、外国人であれ、犯罪者であれ、教員であれ、老人であれ、クライエントをカウンセラーがこころからひとりの独立した人格として大切にかかわっている状態です。ロジャーズは、この状態を受容とか配慮、所有欲のない愛という概念をあてています。もっともよく知られている概念が「無条件の肯定的配慮」ですが、どれも同じことです。

　第3は、クライエントの内側をクライエントの立場になって、クライエントが体験しているままに感じ理解することです。あたかもクライエントの耳になったかのように聴かせていただき、クライエントの目になったかのようにみさせていただき、クライエントの舌になったかのように、クライエントが言葉で表現できない部分まで

理解することです。この状況を表す概念が「共感的理解」です。

　これらは、完全に実現することは難しい条件です。厳密に整えようとするよりもカウンセラーとして無理なくこれらを実現しようと志向し体験し続けることのほうが大事です。もし、これら3つの条件にずれを感じたならば、率直にその場で修正をしていけばいいと思います。

　漢和辞典によれば、「傾聴」の傾は、"かたむける""そばだてる"の意味があり、聴は"耳を立てて音声をよく耳の奥まで通す"の意味があります。また、傾聴は、"こころを傾けて熱心に聴く"とあります。日本にも古くから相手に耳を傾けてこころから聴く行為はあったようですが、クライエント中心療法での「傾聴」は、相手をこころから独立した1個の人格として大切にしながら、相手の内面に生じている体験をその人の立場に立って理解し、さらに関係のなかで絶えず真実であり続けようとする「傾聴」なのです。日常的な傾聴と区別するために、以下ではあえて「臨床場面における傾聴」と名づけておきたいと思います。

6、臨床場面における傾聴とカウンセリング・プロセス

　ロジャーズは、さらに1957年に「サイコセラピーの過程概念」を発表し、先の3つの条件が満たされるとクライエントに予測可能な変化が生じることを指摘しています。つまり、クライエントは、自身の内面に生じているさまざまな体験にふれやすくなり、自分の感情やありように深くかかわり始めます。カウンセラーにありのままに、率直に、素直にかかわられると、クライエントは、自分自身

にありのままに、率直に、素直にふれ始めます。独立した1個の人格として大切にされると、クライエントは、自分自身を大切にするようになります。

　カウンセラーにクライエントの体験していることをそのまま理解されると、クライエントは自分自身をもっと深く理解しようとし始めます。さらに3つの条件が継続されると緊張から弛緩へ、固着から流動へ、否定から肯定へ、過去から現在へ、不安から信頼へ、問題から自己へといったプロセスが始まります。言い換えるなら、このプロセスこそ臨床場面における傾聴の機能ともいえます。別の表現をするなら、臨床場面における傾聴にはプロセス化の機能があるといえます。

　ロジャーズは、1963年に「十分に機能する人」として、カウンセリングの成功裏に終結した段階のクライエントの特徴をまとめています。そこでは、クライエントが、①自身の内面に生じるさまざまな経験に自然にそのまま素直にふれ、②自分らしく生きることを大切にし、③自身を信頼し、自分を評価基準にしている状況を報告しています。一般的な言葉で表現するなら、みずからを信頼し、現実的で、主体的で、かつ積極的、創造的、社会的、関係的に生きている状況といえます。これこそ臨床場面における傾聴の機能といえるでしょう。

7、臨床場面における傾聴の一般的な適用

　クライエント中心療法のある程度の体系化ができあがってきた1950年代にロジャーズは、カウンセリング研究で得られた成果を一般の人間関係にも適用しようと考え始めています。「もし、私が、あるタイプの関係を設定することができるなら、その相手の人は、その関係から自分のなかに成長の方向に向かう能力を見出すであろう。その結果、変化のプロセスと人格的な発達が生じるであろう」と予測して、教室と生徒、医者や看護師と患者、介護福祉士と利用者、親と子、組織の上司と部下、友人関係などあらゆる人間関係に適用しようとしています。

　カウンセリングではない、一般の人間関係にあっても、先の3条件のもとでは、人が本来もっている、建設的で創造的な特性を活性化する可能性を予測して、ロジャーズは、大学での講義や地域の高等学校での実践的研究をおこなって、その効果を明らかにしています。そのもっとも代表的な活動が、エンカウンター・グループとよばれる一般の人々を対象にしたグループへの適用です。

　1960年代中ごろから、個人カウンセリングの研究から離れて、先の6条件を一般の人で構成されるグループに本格的に適用しています。グループ状況でメンバー間の真実（real）で誠実なかかわりと互いのパーソナリティを大切にし、相互に内面で起きている体験を共感的に理解しあう雰囲気のなかで、グループ・メンバーがそれぞれの成長に向かう機能を活性化していく。その心理的なグループをロジャーズは、とくに「ベーシック・エンカウンター・グループ」と名づけています。3条件に裏づけられた臨床場面における傾聴は、

日常的な親子関係から地域のボランティア活動に至るまで、あらゆる人間関係やグループ状況においても充分に機能する可能性を秘めているといえます。

8、臨床場面における傾聴の精神科医療への適用

　ある程度自我が機能している、いわゆる健常域にある人々を対象に発展してきたクライエント中心療法から得られた成果を、重い統合失調症のクライエントに適用した研究を、ロジャーズはジェンドリンらとともに、1959 年から 1961 年にかけてウィスコンシン州立メンドウタ病院でおこないました。クライエント中心療法の基本的なかかわり方を適用した実験群（24 人）と適用しなかった対照群（24 人）の比較研究で、実験群のクライエントのほうが数名よくなかった者が多かったのですが、統計的には明確な効果が認められませんでした。しかし、この体験から、治療への動機づけがきわめて少ないクライエントには、治療関係が成立する前の段階のカウンセリングとして、カウンセラーのリアルさ、自然さ、オープンさなど3条件の純化と具体的で積極的なかかわりが大切であることが明らかになりました。

　このことからのちにプラウティーは、独自の「接触理論」をもとに、自分の状況を把握したり、表現をすることが難しい重い統合失調症のクライエントへのカウンセリングとして、「プリセラピー」を発展させています。たとえば、クライエントがタバコを吸いたそうなときには、その状況を可能な限り言語化しながら、タバコに火をつけてあげたり、寒そうだったらコートをかけてあげたり、外に

出たそうなときには一緒に散歩をするなどの積極的なかかわりが
重要であることを指摘しています。

9、パーソンセンタード・アプローチと
臨床場面における傾聴

　パーソンセンタード・アプローチは、広義には、ロジャーズの基
本的な人間観（「自己理論」）を背景に心理臨床、教育、産業、医療、
看護、福祉、司法・矯正、地域、多文化など、社会のあらゆる人や
グループ、あるいは社会そのものに働きかけようとする活動を指し、
狭義には、心理臨床分野において、クライエント中心療法を含めて
クライエント中心療法から派生した、ベーシック・エンカウンター・
グループ、フォーカシング、プリセラピー、表現アートセラピーな
どのサイコセラピーを指します。

　『カール・ロジャーズの人生と業績』によれば、パーソンセンタ
ード・アプローチという用語が最初に使われたのは、『人間の潜在
力』のなかとのことなので、すでに30年余の歴史のある言葉です。
近年、ヨーロッパとくにイギリスのなかでもイングランドやスコッ
トランドにおけるパーソンセンタードの発展には、めざましいもの
があります。スコットランドのグラスゴーにあるストラスクライド
大学大学院には、パーソンセンタードのカウンセラー養成コースや
修士課程があり、2008年には、同じグラスゴーにあるカレドニアン
大学には世界的にも先駆的なパーソンセンタードに特化した博士
課程が開設されています。

　とくに、「カウンセラー資格コース」では、講義や演習のほか、

一定時間数以上のカウンセリング実践とスーパービジョンが規定されていて、先の3条件に基づく臨床的傾聴をはじめ、実践的トレーニングがおこなわれています。

10、暗在性と臨床場面における傾聴

　ジェンドリンは、ロジャーズとの共同研究をしながらカウンセリング要因の1つとして体験過程理論を発展させました。体験過程は、言語化や概念化をする前の状況で、人の内面的・身体的に感じられている「体験の流れ」を指し、近年は「暗在性」の語を充てるようになっています。

　この暗在性の象徴化こそ、人格変化の臨床的要点として考案されたフォーカシングです。フォーカシングでは、「伝え返し」という技法を用いてクライエントの暗在性にていねいにかかわっていきますが、この暗在性にかかわる「伝え返し」は、意識と無意識の境目、身体と意識の境目、自己と自己を超える境目、時間と空間との境目、体験と言葉の境目など、境目や辺縁でのきわめて深いレベルの臨床場面における傾聴と言い換えることができます。

11、臨床場面における傾聴の学び方

　臨床場面における傾聴は、個人カウンセリングやグループカウンセリングをはじめ、ボランティア活動や通常の対人関係に至るまであらゆる人とのかかわりです。相手の成長を促し、同時に自分自身の心理的成長にもかかわるものですが、あくまでも技法として割り切っておく必要があります。

　技法は、技法だけでもそれなりの成果や効果が期待できますが、人は、一人ひとりまったく違った人生観や宇宙観をもっているので、人に対して技法を活用するには、基本的な臨床哲学や人生観をもっていないと技法は意味をもちません。逆にそれを活用する人の基本的な人間観によってはじめて技法が生きてきます。ですから、技法は技法として学びながら最終的には、技法と自分自身の臨床哲学や人間観を統合していく必要があります。

　技法としての臨床場面における傾聴訓練は、ロールプレイという方法を使って、話し役、聴き役を決めて役割をとりながら、場面や条件を変えて練習を積み重ねていきます。ロールプレイの時間も、最初は 10 分程度から始めてしだいに長くしていきます。

　また、ロールプレイが終わったら、すべてのやり取りを文字に直し（逐語記録）、聴き役の発言を振り返った吟味をしていきます。やり取りを文字に直すだけでも、自分の語り口や言葉づかい、発語の癖、声の質など気づくことがたくさんありますが、振り返りのときに、ベテランのカウンセラーに加わってもらうとさらに効果的な学習ができます。さらに単なる傾聴を臨床場面における傾聴のレベルまでスキルアップしていくためには、①問題や事柄に焦点をあてた傾聴のレベル、②感情に焦点をあてた傾聴のレベル、③身体感覚に焦点をあてた傾聴のレベル、④言葉の背後にある表現されていない文脈に焦点をあてた傾聴のレベル、⑤体験過程（暗在性）に焦点をあてた傾聴のレベル、⑥自己との対話や体験の意味に焦点をあてた傾聴のレベル、にわけて系統的にトレーニングすることをお勧めします。④、⑤、⑥の部分は、かなり高度な傾聴レベルですので、

臨床実践を通してスーパービジョンを受けていく必要があります。

　また、ロジャーズが創始発展させたベーシック・エンカウンター・グループは、①〜⑥を実践的に、しかもリアルに学べる総合体験の場ですので、参加をお勧めします。ベーシック・エンカウンター・グループでは、安心できる雰囲気と関係のなかで参加者一人ひとりの他者や自己との深い内面的な交流が促進されていきます。これまで深くかかわったことのないリアルな自己と向き合う機会が多いので、クライエント中心療法のカウンセラー志望者の修業の場ともいえます。また、ベーシック・エンカウンター・グループは、集まったメンバーによって体験の深まりが異なりますし、期間、場所、費用、対象、ファシリテーターなどさまざまな要素がありますので、1回だけの参加でなく、臨床的傾聴のトレーニング・レベルに応じて、スーパーバイザーに相談しながら、適時参加することを勧めます。

コラム 19：今の自分に注目してみましょう

　私たちは、問題が発生し不安になればなるほど、意識が今から過去や未来に飛んでしまいます。すると、感情に振り回され、自分を見失いがちになります。つまり、ふわふわと浮いているような気分になります。

　自分を見失うということは、自分のこころとのつながりが切れてしまうということです。つまり、どんな行為もあなたのこころとつながっていませんから、後で後悔することになります。

　こころが過去や未来に飛んでしまったら、こころを今の自分に向けさせることが大切です。浮いた状態から地に足がついた状態に戻すため、今できることに意識を向けてみたいですね。

　今できること、それはどんなことでもかまいません。私は不安や恐ろしい状況に見舞われたときには、その気持ちをノートに書き出すようにしています。また、環境を少し変え、その場を離れてトイレに向かい、鏡の前で深呼吸することもあります。

　カウンセリングでは、今の気持ちを手紙に書いてみてくださいという課題を出すことがあります。家族に対しての思い、上司に言いたいこと、恋人に言いたいこと、友だちに言いたいことなど。実際に手紙を出さなくてもかまいません。自分の気持ちと向き合うことで、混沌とした状態から脱出することも可能になるからです。

　私の知人で、野球選手のメンタルコーチを務めていらっしゃる方がいます。その方は、選手に対して、「自分ではどうすることもできないピンチな状況に陥ったら、とりあえず今できることをやってみる」ということを選手に伝えているそうです。バッターボックスに立って大きな声を出す、帽子を脱いでしばらく空をみつめる、マウンドに駆け寄りピッチャーに声をかける、打席を離れて 3 回素振りをするなど。よくみかける光景ですよね。つまり、今できることは、決して特別なことではないのですね。そして、今できることをさりげなくすることで、ピンチな状況に陥っても自分を見失わなくて済むのです。

　カウンセリングの勉強会では、問題を抱えたことがきっかけで参加してみようと思ったという人に出会うことがあります。これも、勉強会に参加して自分をみつめる、成長させるという意味では、今できることの1つですよ

ね。

　むしろ、問題がきっかけとなり、家族や友だちなど身近な人との関係性がより深まることもあります。とくに、今まで人に悩みを話すことなどしたことのない人であれば、周囲の人との親密度が一気に深まることも珍しいことではありません。

　悩みに向き合い、試行錯誤を繰り返すことも、今できる貴重な営みです。ですから、カウンセリング場面でも、「悩むことは、前に進んでいる証拠。成長の証だと思い悩むことを楽しみましょう」などと励ますこともあります。

　自分の意識を過去や未来に目を向けず、とりあえず今できることに向かい続けると、不思議と課題は解決されるものです。苦しい場面に目を向ければ、確かに状況は変わらず、もっと悪くなっているように感じるかもしれません。しかし、それは地に足がついている状態ですから、堂々としていて、気持ちは案外、平穏な状態でいるのです。「なんとかなるかな」と、苦しい心境から抜け出せるのです。

　今できることに目を向ければ、「きっと自分はなんとかできる」「何が起こっても大丈夫」、というように自信がついてきます。

　悩み、苦しみ自分を見失いかけたら、今の気持ち・今の感情を感じてみてください。どんな感情でもかまいません。それを感じ続けてみましょう。それが今できることです。そして、それができたら、その問題を解決するために、今の自分にできることを 20 個以上書き出してみてください。これが、自分とのカウンセリングです。

コラム20：今の感情に素直になること

　学生さんの話を聴かせていただいていると、「自分自身が何をしたいのかがわからないのです」ということを口にする人が多いことに驚きます。きっと、彼らはこうした想いをこころのなかで、何百回、何千回と繰り返しつぶやき、結論を得られず、私のところに来たのでしょう。

　私は、「そうだね、そう思うのは当たり前かもしれないね」と、こころのなかで呟くしかありません。

　私自身、「私はいったい何をしたいのだろう」と思うことは何度もあります。そんなとき、同じ言葉を何度もつぶやき、その言葉を身体で感じて、答えを静かに待つようにしています。しかし、そこから先の言葉は、やはり浮かんできません。頭のなかを探っても、空洞になってしまっています。それでも、「自分はいったい何をしたいのだろう」と、自分の今の状態に焦点を当てます。これはまさに、自分のこころに折り合いをつける、自分カウンセリングの瞬間です。

　たとえば、部屋で絨毯の上に寝転んでいるときのことを想像してみてください。手足を伸ばした自由さ、頭が絨毯に沈む感覚、身体が絨毯に落ちていく感覚など、さまざまな身体の感覚を感じますよね。まさに肉体を絨毯に預けている心地よい重さを感じるわけです。これを言葉にすれば、「幸せだなぁ」「気持ちいいなぁ」「リラックスするなぁ」などでしょうか。決して声に出すことはありませんが、そのような感覚があなたの肉体という空間を満たしています。

　わたしは、これこそが、「私はいったい何をしたいのだろう」という問いに対する、自分なりの答えだと思います。

多くの人が、まだこれだけでは、私が何を伝えないのかわからないという人が多いかもしれません。それでは答えになっていないと思う人が大半かもしれません。

　しかし、あらゆる悩みの答えは、自分のこころに向き合い、折り合いをつけるために、「今の自分自身の感情に素直になること」なのです。素直になることでしか、悩みに対する答えはでてきません。

　「私はいったい何をしたいのだろう」「自分が何をしたいのか、自分でもよくわからない」こうした言葉を何回繰り返しても、自分が何をしたいのか、みつけることはできません。

　悩みの正体は、「何がしたいのかわからない」ということではありません。「何をしたいのかわからなければならない」というどこか異質な焦りを感じている部分ではないかと思うのです。

　「私はいったい何をしたいのだろう」と自問自答しているときも「〇〇したい」と、それを本人は肯定的な気持ちでいっているつもりであっても、せっぱつまった響きを帯びているようにしか、私には聞こえてこないのです。「自分は何をしたいのかわからない」「何をしたらいいのかもわからない」「何かしたいと思っても、どうせできっこない」という諦めの気配を感じてしまうときすらあります。

　「何がしたいのかわからない」ありのままの自分に向き合い、そのときの感情に素直になることがいちばん大切です。「何かをしなければならない」でなく、「何もしたくない自分」の存在を、まずは受け入れてあげることが大切だと思います。

第9章

カウンセリングの技法

カウンセリングの技法

　相談は、カウンセラーとクライエントのコミュニケーションがあってはじめて成立するものです。クライエントが自分の思いを十分に説明できるよう効果的な質問を行ったり、クライエントの発言を受け止め、振り返りを促したりするなど、カウンセリングにはさまざまな技法があります。

1、教育相談の実践とカウンセリングの技法

　教師や保育者としての情熱をもち、子どもや保護者を思いやる気持ちがあったとしても、交わす言葉や態度などが適切でなければ、望ましい相談は成立しません。また、とくに学校などでの教育相談の場合は、面接時間が限られることが多く、時間内に有意義な話し合いを行うためにもコミュニケーションスキルを意識することは有効です。ここでは、教育相談の場面を想定して、カウンセリングの技法を学んでいきたいと思います。

2、非言語的技法

　相談の場面では、言語の内容以外からも、クライエントのさまざまな心情を理解することができます。たとえば、視線や身ぶりなどのような、行動の特徴などがあげられます。これらは、一義的に心情を特定できるものではありませんが、何らかの心情の変化を察することができます。

1）視線について考えてみよう

何かを思い出そうとしたり、考えごとをしたりするとき、あなたの視線はどちらの方向に向くでしょうか。斜めを向く人、下を向く人などいろいろいると思います。

では、あなたが教師であったとして、保護者や子どもが面談中に先ほどのような視線に変化した場合、どう対応すればいいでしょうか。

一般的にカウンセリングでは、クライエントは、自分の思いや悩みなどを思いだしながら、うまくカウンセラーへ伝えられるように、言葉を選び、発話文を組み立てようとします。その状況を考えると、カウンセラーにはクライエントの思いがうまく言葉にできるように、「待つ」かかわりが求められます。このように、クライエントの視線の変化によって配慮すべきことが考えられます。

視線から心情を察する方法について、ほかにも考えてみましょう。

たとえば、カウンセリングの場面ではカウンセラー、クライエントいずれの立場でも「目が合う」と安心する、と考える人が多いと思います。しかし、一度試してほしいのですが、本当に相談相手とずっと目を合わせながら話ができるものなのでしょうか。

【ワーク】隣の席の人と「1分間自己紹介」をやってみましょう

まずは、隣の人と対面で座ってみましょう。そこで、じゃんけんをして勝ったほうがはじめに1分間相手の目をしっかりみて自己紹介をしてみてください。負けたほうは、相手の目をそらさずにしっかりとみて自己紹介を聞いてみましょう。そして、1分間たったら、今度は役割を交代してみましょう。

いかがでしょう。安心感よりも、むしろ強い圧迫感を感じた人が多いのではないでしょうか。

一般的に、会話のなかで目が合うタイミングというものを考えてみると、「確認をする」「同意を得る」「訴えたい気持ちを伝える」「いったん時間をとりたい」など、そこに何かの意図を含んでいる場合が多いものです。

また、「視線がまったく合わない」、または「合いすぎる」ときにも、何らかの意図があるものと考えられます。たとえば、まったく視線が合わないときは、「拒否感」「不信感」などが考えられますし、合いすぎてしまうときには、「不安感」「依存心」なども想像できます。もちろん、これらには癖や個人差もありますから、相談を受け続けるなかで、「何かいつもと違うな」という変化に気づくことが大切です。

2) 表情について考えてみよう

表情の種類には、愛、幸福、楽しさ、驚き、苦しみ、恐れ、怒り、決心、嫌悪、軽蔑などがあります。人が悲しそうな表情をしているとき、その悲しい気持ちに気づいてほしいというサインかもしれません。他者に気づかれたくないならば、明るい表情で隠そうとするでしょう。

カウンセラーは、クライエントの表情に気づき、気持ちを理解することはもちろんのこと、自分の気持ちを表情で相手に伝えることができなければなりません。こころと一致した表情になっていれば、クライエントは話しにくい印象をもってしまいます。また、無表情だったり自分のこころの慌ただしさが表情に表れたりしていない

か、鏡でチェックしてみるとよいかもしれません。

3）ジェスチャーについて考えてみよう

　ジェスチャーとは、動きのある身体反応としての動作をさし、しぐさ、身ぶり、身体接触などを含みます。クライエントの話を聴かせていただく際、熱意のある態度を実現するためには、うなずくというジェスチャーが重要になってきます。日常会話のなかでは、自然とうなずきながら聞いていると思いますが、このうなずきは、クライエントの話に興味や関心をもっていることを示し、クライエントの話を促す効果があります。

　反対に、話を聴かせていただくときにしてはいけないジェスチャーとは、たとえば、貧乏ゆすりがあげられます。無意識のうちに表れる固着行動の一種ですが、クライエントの話をせかしているように受け取られたり、イライラしているように思われたりすることになりますので、貧乏ゆすりの癖がある人は、人に誤解を与えないように気をつけましょう。

4）姿勢について考えてみよう

　姿勢とは、動きのない身体行動をさし、座り方、手の置きかた、腕の組み方などを含みます。無防衛で熱意のある態度を実現するためには、後傾姿勢よりも前傾姿勢で、手はポケットに入れず、腕組みなどしないで、クライエントの話を聴くようにします。後傾姿勢や腕組みは、クライエントの話に対して興味や関心がなく、こころを閉ざしているように受け取られがちです。また、手をポケットに入れるという態度は、自信がない、本心を知られたくないなどの気

持ちの表れだといわれています。このような姿勢が自分の癖になっ
てしまっている人は気をつけましょう。

【演習】ジェスチャーと姿勢を組み合わせた演習

　2人1組となり、話し手と聞き手を決めます。話し手は自分の興
味について話をしてください。聞き手は話を聞く際に、次の態度を
してみましょう。
① 腕組みをし、後傾姿勢で話を聞く（1分）。②うなずきながら、
　前傾姿勢で聞く（2分）。役割を交代し、終わったら感想を述べ
　あってみます。
　どちらの姿勢やジェスチャーが話しやすかったでしょうか。

3、受容・共感
1）受容

　受容とは、自分の価値観を脇に置いて、相手をあるがままに受け
入れることです。保護者のなかには、過保護で子どもを甘やかし、
何でも買い与える人がいるかもしれません。そんな保護者に対して、
あなたの価値観では、間違った子育てをしている親だと思うかもし
れません。しかし、カウンセリングにおいて、クライエントに対し
ての「よい・悪い」という評価は、援助の妨げになります。「あなた
の子育ては悪い」と思っていたら、クライエントに対する態度に表
れてしまいます。そうすると、クライエントは受け入れられてもら
っていないと感じたり、押しつけがましいと感じたりして、こころ
を開くことができなくなってしまいます。最初から専門的な枠組み
に合う、合わないで判断するのではなく、よくクライエントの考え

方を聴いてみましょう。子どもへの接し方がわからなくて、物を買い与えることが愛情だと思い込んでいるのかもしれません。まずはクライエントをあるがままに受け入れるところから始めましょう。

2）共感

　共感とは、クライエントの感情につきあうあたたかい態度である「共感の態度」を実現する技法です。まず、クライエントが抱いている感情を正確に把握し、その感情を理解していることをクライエントに伝えていく技法です。クライエントの感情を正確に把握するためには、クライエントが語った言葉だけでなく、視線、表情などからもクライエントを総合的に観察して、感情を把握する必要があります。

　次に、把握した感情の種類と程度を明確にします。たとえば、悲しい感情でも、少し悲しいのかとても哀しいのかさまざまな悲しさがあります。そして、最後の段階では明確になったクライエントの快・不快の種類と程度を、平易な自然な言葉に置き換えてクライエントに伝えます。

　たとえば、母親が「子どもがいうことをきかないとすぐに怒ってしまって、気づいたら子どもが泣いていて、そんなときは自己嫌悪でしばらく何も手につきません」と言った場合、「自分のことを嫌だと思っているのですね」と自然な言葉で表現したほうが、効果的にクライエントに伝わりやすくなります。

　また、不登校傾向の子どもが「先生、今日は1時間だけ教室で授業を受けることができたよ。だから、すごく嬉しくて」と言ってきた場合、「勇気を出して教室に入ることができたから、自信がでて

きて嬉しいんだね」と子どもと喜びを共有し、快の感情への共感を伝えることで信頼関係も深まっていきます。

【ワーク】受容と共感の技法の演習

　２人１組になり、話し手と聞き手を決めます。話し手は、最近あった嫌な出来事を話します。嫌な出来事の原因になった人や物について強調して話してください。聞き手は、話し手が嫌な出来事に対して悪口を言ったとしても、自分の価値難を脇に置き、批判せずにあるがままに受け止めながら聞きます（受容）。

　そして、相手の感情の種類と程度を把握してわかりやすい言葉で相手に伝えます（共感）。終了後、話し手は聞き手に感想を述べます。話し手は聞き手に理解してもらったと感じたでしょうか。感想を伝えたら役割を交代しましょう。

4、反映技法

　反映技法は、クライエントの発話を受け止める、いわば応答の技術です。カウンセラーが適切な応答の態度を示すことができれば、クライエントの発話意欲や、問題解決への意欲の向上につながり、さらに、信頼関係を高めることもできます。逆に、クライエントが好意的に、あるいは一生懸命に話をしてくれていても、カウンセラーの受け止めが不適切であれば、クライエントの発話意欲は失せるでしょうし、カウンセラーへの不信感につながることもあります。

　ここでは、反映技法の例を具体的に紹介していきますが、読み進めていくなかで、「これは常識的な対応で、意識する必要などないのではないか」と感じる方もでてくるかもしれません。しかし、気

をつけてほしいのは、それが「適切な応答の態度なのかどうか」を決めるのは自分ではなく、あくまでもクライエントだということです。たとえば、自分がきちんと対応しているつもりでも、クライエントにはぶっきらぼうに聞こえることもあり得ます。ですから、日ごろから、友だちにみてもらうなど、意識することも大切です。

1）最小限の励まし

　多くは、「うなずき」「相づち」に相当します。クライエントの発話に対し、カウンセラーが適切にうなずくことによって、クライエントは話を続けやすくなります。また、うなずきの表現によって、内省を促したり（たとえば、「う〜〜ん」）、詳細な説明を求めたりする（「んっ？」）ことに至ることもあります。ただし、以下のようなこともあり得ますので、注意してください。
　（1）うなずきが多い→圧迫感、懐疑的（たとえば、本当にわかっているのかな）
　（2）うなずきが少ない→不安感、ぞんざい感（たとえば、ちゃんと聞いているのかな）
　（3）不適切なうなずき→不信感、信頼関係の喪失

2）伝え返し（リフレクション）

　クライエントの発話に対して、その行動にともなう感情を理解し、そこに応答する技法です。たとえば、「昨日、King & Prince のコンサートのチケットを買っていたのに、ゼミの時間が長引いて行けなかったんですよ」という発話に対して、「それは悔しかったね」というな応答です。クライエントの感情を的確につかみ、それを伝え

返すことで、共感性の高まりが期待できます。

【ワーク】感情語言い当ててみましょう

　2人1組になってください。まず、お互いにみせないようにして、最近あったエピソードを3つ書き出し、さらにそれに対応する感情語を書きます（例：『Eye Love You』のファンミィーテングが急に配信のみになってしまった→「悲しい」）。出来上がったら、じゃんけんをして勝ったほうから1つエピソードを紹介します。これに対して、負けたほうは、相手が書いている感情語を当ててみます（例：その言葉は「悔しかった」ですね）。

　さて、相手の感情語をいくつ言い当てることができるでしょうか。

3）繰り返しの技法

　クライエントの発話のなかから、重要と考えるキーワードを見出し、それを伝え返す技法です。この技法を使うことによって受容・共感などの援助的な態度を実現することができます。この応答によって、カウンセラーがしっかりとクライエントの話を聴いていることの表明にもなりますし、クライエント自身の思考の整理を支援することにもつながります。この技法を使うに当たっては、以下の点に留意しましょう。

・クライエントが話した言葉を一語一句ものまねみたいに繰り返さない。

・クライエントの言葉を専門用語などの難しい言葉に置き換えない。

・繰り返しを使いすぎず、重要と思われる部分だけを繰り返す。

　あくまでも、クライエントとのコミュニケーションがうまくいかなければ意味がないので、自分の自然な言葉に置き換えて、最後に「〜ですね」と言葉をつ

け加え、「悲しい気持ちなのですね」などと返してみます。

4） 明確化の技法

　明確化の技法とは、クライエントが伝えたいと思っている内容を、クライエントに変わって先取りして明確な言葉で表現する技法です。たとえば、母親が「先生はお子さんを厳しく叱ったことがありますか」と尋ねてきたら、簡単な返事のあと、「お子さんへのしつけが気になっているのですか？」と返します。明確化の利点は、クライエントが言葉でうまく表現できない部分やぼんやりとしか意識していなかった潜在意識の部分への気づきを深めることができることです。明確化すると話の内容が深まり、話が促進されます。言葉を探すことができずに発言できないでいる場合はクライエントが言いたいと思っている言葉を先取り（明確化）することで、クライエントの発言を助けることができます。

　明確化の技法を使う際の注意点としては、クライエントとの間にラポール（信頼関係）が形成されていない段階で使用すると、クライエントがこころを閉ざし、心理的抵抗を感じてしまうことがあるので、慎重に使うことが求められます。

5、質問技法

　質問技法とは、文字通りクライエントに対して尋ねる技法で、「閉ざされた質問」と「開かれた質問」の2つのタイプがあります。閉ざされた質問は、「はい」か「いいえ」のいずれかで答えることをクライエントに期待する質問で、開かれた質問は、自由な言葉で答えることをクライエントに期待する質問です。その際、5W1Hの疑問

詞を使うと幅広い情報を相手から引き出すことができます。5W1Hとは、何を(What)、誰が(Who)、どこで(Where)、いつ(When)、なぜ、(Why)どのように(How)、などの質問方法です。

　質問技法を使うことで、クライエントに行為を与えたり、クライエントの情報収集ができたり、自己理解を促すことができます。たとえば、母親から「子どもが自分になつかない」という相談を受けたとします。そこで、「お子さんがなつかないのはいつもですか？（閉ざされた質問）」と尋ね、「いいえ」といういう答えがあれば、「では、どんなときお子さんはなついてきますか？（開かれた質問）」と聞きます。子どもがなつかないと悩んでいても、たとえば、絵本を読むときは笑顔で喜んでいるということであれば、自己理解や状況理解が促進されたということになります。

　閉ざされた質問と開かれた質問をうまく使い分けることができれば効果的なコミュニケーションができます。開かれた質問では、自分の問題を自分自身で考えて表現する自由が与えられますが、なかなか自分の言葉で表現することができない状況にある人やリレーション（信頼関係）がない相手に対しては、閉ざされた質問のほうがよい場合があります。たとえば、相談室に緊張して来室した子どもに対しては、「先生に連れてきてもらったの？」「年長さんですか？」など、閉ざされた質問のほうが答えやすいものです。しかし、閉ざされた質問だけでは、堅苦しい問診票のような質問内容になってしまいますので、様子をみながら「保育園ではどんな遊びをしているの？」などの開かれた質問をするとよいでしょう。

　このように、閉ざされた質問と開かれた質問をうまく組み合わせた質問になるようにしていくことが望まれます。この2つの手法を

使う際の留意点は、①思いつきで質問しない、②自分の好奇心で質問しない、③プライバシーに触れる質問をしない、の３点です。

　最初の質問の次には、その答えに関連があることを聞いていくようにすると、広く情報が収集でき、クライエントの自己理解も促進することができます。

6、自己開示

　カウンセラーが、自分の思いや考えをオープンにすることをいいます。たとえば、カウンセリング場面で話題になっていることについて、自分の経験談などを語るのもその一つです。「実は、私の子どものころ……」などと、自分のエピソードを話してみます。すると、悩み苦しんでいたクライエントが、「なんだ、自分だけではないんだ」「自分の気持ちを理解してくれる人もいるんだ」と感じることができ、親近感や救われた気持ちなどが生じることも期待できます。

　ただし、これから教師になろうとする人には、一つ気をつけてほしいことがあります。「自己開示」が、その状況で本当に適切な技法なのかを考えるようにしてください。たとえば、クライエントが話すことを恥ずかしがっている、ためらっているときに、安心してもらうために使用する、というのであれば有効といえます。

　カウンセリングは、あくまでもクライエントの問題解決が第一であって、カウンセラーの過去を自慢する場ではありません。ベテラン教師になるほど、このような傾向が高まるともいわれています。ですから、「今、自己開示が本当にクライエントのためになるのか」よく考えて、適切に使用するようにしましょう。

コラム21：苦しくなるのは他人の目線で 考えているからです

「認めてほしい」「わかってほしい」「こうしてほしい」「ああしてほしい」

　文字を追いながら黙読するのではなく、これを声に出して読んでみてください。溺れる者がわらをつかむような気分になりませんか。声に出せば、感情に響きますから、黙読する場合と比較すると、実感に大きな差があります。

　多くの人は、他人から認めてもらうことを望んでいます。皆さんが「〜してほしい」という気持ちを積もらせているとき、どんな気持ちになるでしょうか。

　「何もしたくない。何もかも投げ出したい」

　このような気持ちに囚われていて、そこから抜け出すことのできない人は、自分の感情に気づいていないのです。おそらく、物理的に自分の感情や感覚の方に目を向ける余裕がないのでしょう。

　「〜してほしい」「苦しくてたまらない」ときは、意識が相手に向いてしまっていることが多いです。苦しいときは、相手に対して、「自分を満たしてくれるように」と求めてしまいます。自分の意識の目が相手に向いていて、相手に満たしてくれるように要求したり、相手の顔色や反応をうかがいながら、相手の言動によって自分の態度や行動を決めていく生き方をしてしまったりするものです。

　このような意識で自分の周囲や社会を見渡したとすれば、自分の目に

はどのように映るでしょうか。

　家に帰れば、家の人から冷たい視線を浴びさせられる。電車に乗れば、マナーの悪い若者が足を伸ばしてふんぞり返っている。すれ違いざまに肩がぶつかれば、すごい形相で睨まれる。街を歩いていると、みんなが不機嫌な顔をして歩いている。

　このように「社会の人たち」対「私」という見方をしてしまいますと、気分が沈んでしまいますよね。周囲に気を取られていますと、自分の気持ちや感情をないがしろにしてしまうため、自分がものすごく小さな存在に感じてしまい、ますますこころがしぼんでしまいます。

　もちろん、ふと自分に目を向けてみれば、焦ったり不安になったり、腹立たしく感じたり、諦めたり、失望したりする自分に気づくこともあると思います。しかし、そうしたときは、「この前、その前」「あの日、あのとき」「昨日」「一カ月前」「半年前」「一年前」といった、たくさんの過去に起きたことについて、不安になったり、焦ったり、失望したり、腹を立てたり、諦めているのです。たくさんの過去の感情の集積なのです。

　リンゴを食べた瞬間、「あぁ、甘い」「幸せだなぁ」という味覚の気持ちよさを思い出してみてください。これが、今この瞬間の感情です。

　「今、どんな感情を抱いているのか」「今、自分がどんな気持ちになっているのか」

　大切なことは、あなたの今の気持ちです。今起こっていることに対する今の気持ちや感情なのです。

　外界に目が向いてしまいますと、自分のことが置き去りになってしまいます。あなたにとって大切なのは他人ではなく、自分自身です。

　「今、どんなことを言ったのだろう」「今、どんな行動をしたのだろう」「今、自分はどんな思考をしたのだろうか」

思い切って、「みんながそうだから」はやめてみませんか？　大切なのは、自分自身の今の感情なのですから。

コラム 22：自分の感情を受け入れてみては
いかがでしょうか

　あなたは今までの人生で、「泣いてはいけない。我慢をしなくてはいけない。弱音を吐いてはいけない。もっと強くならなければならない」などと自分にいいきかせ、自分の感情を否定してきたり押し殺してきたりしたことはありませんか。

　このように、弱音を吐きたくなるのは、こころが疲れているからです。または、要所要所で自分の守り方が不適切なため、自分を傷つけてきたためではないでしょうか。頑張って闘う必要のないところで、意味もなく他人と、あるいは自分自身と闘ってきたから、こころが疲れ果ててしまったのかもしれません。

　自分の感情を受け入れるということは、自分の感情を許すということです。弱い自分を否定するのではなく、こころが疲れていることを素直に認めることです。

　感情を受け入れるというのは、休養をするということと同じ意味です。だから、感情を受け入れるだけでも蓄積したこころの疲れを癒すことができます。

　しかし、今までずっと弱音を吐くこともなく、自分の感情を受け入れてこなかった自分が、いきなり感情を感じ取る感度を取り戻せば、過去のこころの痛みがどっと押し寄せてくる可能性もあります。もしかしたら、自分の感情を受け入れることが怖くなっている人もいるかもしれません。

　そこで、自分の感情を無理なく、少しずつ受け入れる方法をお伝えしようと思います。

　自分の感情を受け入れる基本は、どのような感情も否定しないことです。これは、呼吸をするのと同じ原理です。あなたのなかにわきおこった感情は、それがマイナス感情であっても、それを全身で感じて味わい、その感じ方に身を任せるようにしましょう。これが自分の感情を認めるということなのです。

　「私はあの先輩が嫌いだ」「私はたくさんの人と一緒にいることが苦手だ」「私は英語をしゃべれる人に劣等感を感じている」などのマイナス感情を「そうなのか、それなら仕方ないなぁ」と、素直に認めてしまえばよいのです。

　自分の感情を否定しなければ、きっとこころが楽になれます。否定しなければ、あなたのこころにたまっているマイナスの感情は消えていきます。こころのなかのマイナスの感情が消えてしまえば、こころは楽になりますよね。

　今まで、落ち込んでいて気持ちが沈み、何もしたくない状態のとき、頭のなかでは「このままではいけないとわかっているのに……」「もっともっと動かなければならないのに、どうにもならない」などと呟いていたのではないでしょうか。

　そんなことを呟いているときは、おそらく不安になったり焦ったりしていると思います。そんなときこそ、自分自身の感情に気がつくこと。すなわち、「そうか、私は不安になっているんだ」と言葉にだして自分にいいきかせてあげることが、自分を認めてあげることだと私は思います。

　不安になっている自分に対しては、「そうか、私は不安になっているんだ。しかし、どうしたらよいのかわからないのだから、無理もないさ。不安に

なるのは当然なんだ。だから、不安になってもいいんだ」と言葉に出して自分にいってあげることで、こころはずいぶん楽になります。

　このように、感じたことを口に出していってみることで、自分を受け入れることになりますから、「次はこうしてみよう」と少しですが前向きな気持ちが生まれてくるはずです。ゆっくり、少しずつ楽になっていきましょう。

第10章
法と対人援助職との関係性

法と対人援助職との関係性

（1）対人援助職が法を学び続ける意義

　対人援助職の人たちは、「こころのなかの世界と現実社会のバランスが極めて大切である」ことを学び続けることが必要だと思います。

　対人援助職は、家庭・学校・職場などさまざまな場面で援助対象者の抱える紛争・悩みに関与します。その際に、法の細かな条文のことは知らないまでも、法の目的や基本理念や手続きの流れなどを理解したうえでかかわることによって、より的確な対応・アドバイスができます。

　対人援助職は、物理的なものを扱う職業ではなく心理的なものを扱う職業だからといって浮世離れしてはいけません。たとえば、面接で深層心理を扱うにしても、援助対象者と対人援助職は依頼者と専門家という契約関係にあり、2人がいる面接室は日本という法治国家のなかにあり、たくさんの法律が存在しています。そして、法の前には倫理があります。むしろ心理的なものを扱う職業だからこそ、現実をよく知らなければなりません。

（2）対人援助職と法と倫理

　倫理は人のあるべき姿、生き方にかかわるのに対して、法はその一部として社会秩序の維持という点に照らしてのみ問題とされます。両者は包含関係にあり、法に反することは倫理違反となりま

すが、法に反していないからといって倫理に問題がないとはいえません。

　たとえば、子どもの虐待は明らかに非倫理的な行為ですが、児童虐待防止法の整備以前には法律に違反としていないという理由で不問に付される状況もありました。

　法制化が実現した背景には、法がなかったための権利侵害に苦しんできた多くの子どもたちの叫びとその救済・支援にこころを砕いてきたさまざまな立場の支援者の地道な活動があったこと。また、法は現実社会で生じている問題の後追いであり、今なお、法整備が十分でないために、権利保障がなされていない実態があることを忘れてはなりません。

（3）法の効用と限界

　法の効用としては、まず法に基づけば誰もが同じ原則に立って問題解決がなされるという公正性、信頼性が担保されることがあげられます。

　たとえば、離婚に伴う子どもの奪い合いで対立している父親と母親は、何をもとに親権者としての適格性を判断されるのか、不安になります。その際、法的な基準としては、養育のための諸環境、それまで子どもの面倒をみてきた状況、養育の意欲と能力、経済状況など、ある程度客観的に捉えられる事実が基になることが提示されます。

　紛争当事者は、法に基いてフェアーな判断がなされるという安心感を得ることで、問題解決に取り組む準備ができます。そのうえ

で、子どもの最善の幸福のために、親子の愛情とは何か、ときとともに移り変わる関係性などあいまいで客観的に判断しえないことも判断できるようになります。そのプロセスを経ることで、夫婦は離婚してもかけがえのない子の未来に向けた親子関係の再構築に臨むことができます。

　しかし、愛や憎しみをどのように捉えるか、関係性や未来志向性といった千変万化するものには、法は対処しきれないという法の限界があります。法による合理的判断がいかに正義にかなう正論だとしても、実質的に解決に結びつくとは限らないのです。

（4）臨床の効用と限界

　法が示す規範や強制力に対する反作用として、人は意地になり頑なな態度をとることがあります。たとえば、法的な客観的な基準だけで判断されて子の親権者になれなかった当事者は、意固地になり、子どもにしがみついて離さなくなることもあります。

　男女の紛争は往々にして恨みや嫉妬がつきまとい問題解決を疎外します。そうした人や人との関係へのアプローチに、臨床による関与が求められます。

　しかし、臨床による関与にも限界があります。一義的に法に準拠することでその安定性、信頼性を担保できるのに対して、臨床的関与は多義的なため、ともすれば当事者から主観的であいまいであると批判されかねません。

（5） 対人援助と法

　対人援助にかかわる人の多くは自分がかかわるケースについて、法律、命令や条例などに関係があることは理解していても、「法律は難しい。このケースでどの法律のどの条文が適用されるかがわからない。条文をみても理解できない」と感じているのではないでしょうか。対人援助職が援助対象者のさまざまな問題に対応するときにも、主に臨床や福祉に基づいた考え方や技法でアプローチし、法的なことは補足的に取り入れたり、その都度法の専門家に相談したりすればよいと思っているのではないでしょうか。

　しかし、その結果、援助が必要なときに適切な関係機関につなぐことができない、今後の手続きの流れが予測できず的確なアドバイスができない、などということが起こりえます。

　法は、私たちのさまざまな生活の場面にかんして一定の基準やルールを定めたもので、多くの場合に拘束力をもちます。拘束力をもつということは、相手に対してそのようなルールに従うように要求できることで、もしこれに反した場合には、単に関係者から非難を受けるだけでなく、離婚に伴う生活費の支払いや子どもの引き渡しなど強制的に実行されてしまうこともあり得ます。

　対人援助者が支援の対象にしているさまざまな問題、援助対象者の悩みも、たいていは何らかの法に関係しています。そもそも、対人援助職が対象者に何らかの援助をすること自体が法と無関係ではありません。

　たとえば、スクールカウンセラーが保護者から話を聴いている際に、その保護者が児童虐待をしている可能性があると思った場合、

保護者の了承を得られなくても、虐待を通告しなくてはならないのか否か。もし、保護者に何も知らせないまま虐待通告をした結果、子どもが児童相談所に保護された場合、保護された子どもはどうなるのか。また、通告した者はその保護者から訴えられることはないのか、などの場面を想定しても、児童虐待にかんして法の定めるルールはどうなっているのか、子どもと保護者にどのような機関がどのような手続きでかかわるのかを知っていることが必要であり、重要であることがわかります。

（6）夫婦関係の悪循環の事例

　少し難しい話になりますが、離婚に直面した夫婦への臨床的援助の視点から、対人援助と法の問題を考えてみましょう。

　妻：「私は、子どもの世話で1日中たくさん休みもないのに、あなたは仕事帰りにお酒を飲んでいい気分になって夜遅く帰ってくるだけじゃないの。夫婦不和の原因は夫にある！」

　夫：「俺が毎晩夜遅くまであくせく働いているのに、子どもの世話もせずに自分だけ早くから寝ている。お前は、妻としても母親としても失格だ。夫婦不和の原因は妻にある」

　ふたりとも離婚後は子どもの面倒は自分がみるといい、対立しています。対人援助職が離婚に直面した夫婦に対応する場合、対立する当事者のものの見方の特徴を理解しておくことが大切です。離婚に限らず紛争の渦中にある当事者は、例外なく「問題の原因は相手にある」といいます。

　上記事例で双方の話を聴くと、どちらの言動も夫婦不和の原因と

結果になっていて、それが関係の悪循環を起こしています。夫婦の不和の多くはどちらに原因があるというより、夫婦の関係の悪循環が問題です。しかし、離婚紛争の渦中にある夫婦はその悪循環がみえないため、夫婦関係が歪むと、その原因を相手に帰属させようとします。それがさらに関係の悪循環を強め夫婦不和の飽和点に達したときに離婚に至ってしまいます。このとき、対人援助職に求められることは、家庭裁判所に離婚調停を申し立てる前に、お互いに十分に話し合うことを勧めることです。

　離婚に直面した夫婦への臨床的援助の要点は、どちらが悪いのかという夫婦不和の原因を突き止めてそれを指摘するのではなく、お互いに相手の視点から問題をみるように促し、両者の関係の悪循環に気づかせることです。すると、今まで相手ばかり責めていた夫婦が自分にも改める余地があったことを徐々に理解していきます。このことは、子どもの奪い合いなどの子どもを巻き込んだ紛争の解決にもつながります。

　対人援助職が面談場面などで、親権者をどちらにするのかアドバイスをするときもあると思います。そのときは、「子どもの最善の利益」が基準となるということを忘れてはなりません。「子どもの最善の利益」ということを簡潔にいうと、子どもの発達段階に応じた視点からみて、その子どもが何を必要としているのか、子どもが心身ともに健康に育つためには何をしてはいけないか、ということになります。

　対立する両親が「子どもの最善の利益」というと、双方が「私に育てられることが子どもの最善の利益だ」と主張します。それにつ

185

いて第三者が考えるときに陥りやすい誤りは、どちらに育てられるとよいのかという比較をしてしまうことです。一見当たり前のことのようですが、これは子どもの視点からみているのではなく、双方の親の立場からみて述べているのに過ぎません。両親が対立していること自体が、子どもの最善の利益を損なっている、子どもの健全な発達を阻害している、といえます。

上記事例のような問題や紛争は、法律と臨床の両方にかかわることが特徴です。紛争解決のためには、法律に焦点を当てたアプローチと同時に、その水面下にある関係の歪みに臨床的アプローチをしなければなりません。

本人が語っていることを中心に心情に流されることが対人援助職にはありがちです。そうした弱点を補強するうえで、法との共通言語として、客観的事実は何かを理解しておく必要があるのではないでしょうか。

（7）自分自身をみつめるために倫理を学ぶ

倫理と法の違いの説明はとても難しいです。ただ、「法は倫理の最低限」という格言があるように、たくさんある倫理のなかで、その一部だけが法になっていると考えると対人援助職の実務に溶け込みやすいかもしれません。つまり、法律が先にあって倫理があるのではなく、逆に、倫理が先にあって法律が生まれてくるという考え方です。

スクールカウンセラーをしていて、いじめられたＡがカウンセリングを希望して来談したとします。その後、ＡをいじめたＢがその

ことを知らずに、同じカウンセラーのもとを訪れ、カウンセリングを申し込みました。このとき、カウンセラーとして A から B の話も聞いており、ふたりがいじめの被害者と加害者であるとわかっていたとすれば、B のカウンセリングを引き受けるべきでしょうか。守秘義務があり、A や B のカウンセリングをしていることを相手に言わないのが前提ですが、何かの事情でそのことが A あるいは B にわかってしまうかもしれません。「事前に教えてくれたならあなたにそこまで話さなかった。どうして A さん（あるいは B さん）のカウンセリングをしていることを事前に話してくれなかったの」と訴えられたらどうなるでしょう。学校に複数のカウンセラーがいれば A と B を別々のカウンセラーが担当すればよいかもしれません。しかし、通常は学校にひとりしかカウンセラーがいないので、そうしたケースに直面すると頭を抱えます。時と場合によってはお断りするかもしれないし、お引き受けする場合でも「学校にはカウンセラーがひとりのため生徒同士の間でうまくいかなかった人のどちらも私が担当することがあるかもしれませんが、ご理解ください。その場合でも、個々の話が相手に伝わることはないですからご安心ください」という話（インフォームド・コンセント）が最初に必要かもしれません。

　学校でカウンセリングなどをしていると、援助対象者の情報を自分のなかでどこまでとどめておくべきか、自分が所属する組織にどこまで伝えるべきかで悩まされます。仮に「死にたい」と口にした援助対象者がいたとしたら、その話にどこまで耳を傾け自分のなかにとどめておけばいいのか、それとも自殺を止めるように援助対象

者にいうべきか、あるいは、学校のしかるべき立場の人にそのことを伝えるような動きをするのがよいのか考えさせられます。

　いずれの場合も場面こそ違いますが、葛藤の状態であることに変わりはありません。おそらく対人援助についている人なら誰もが、この葛藤にどこかで直面しているはずです。その葛藤と隣り合わせになっているのが、倫理の問題です。なぜなら、葛藤への対応を一歩間違えると、援助対象者と組織、あるいは、援助対象者と対人援助職との間の誤解、不信感、不満、怒りなどが生じてしまうからです。

　上記のようなケースを担当すること自体葛藤ですが、それをいかに解決していくかが対人援助職に課せられます。少しでも葛藤が解消できるように動かなければなりませんし、その葛藤を抱えながら、援助対象者と一緒にもちこたえていくしかない場面もあります。逆に、葛藤に耐え切れず、その状況にもちこたえられないで、即座に結論を導きだしたり、その葛藤を回避しようとしたりするとどうなるでしょう。つまり、葛藤に直面し「わからなさ」にぶつかり「わかったつもり」で動いてしまうと、次のステージに何が現れるかということです。援助対象者の最善の利益になることを目標にしながら、援助対象者からすると対人援助職だけが「わかった」ようで取り残された気分になり、見捨てられた感、裏切られた感だけが沸き起こってしまいます。それがいつの間にか倫理問題にすり替わるのです。

　「死にたい」という援助対象者を心配するあまり、十分な話を聴かずに自殺を抑止する発言に終始していたのでは、援助対象者の本

当の思いには届きませんし、十分な了解のないままそのことを家族などに伝えたりしては表面的な問題解決しか図れません。

　いずれの葛藤に遭遇した際にも、心得ておかねばならないことはあれこれと多面的に物事を捉え、この事態を打開するためには何がいちばん求められているのか、事の本質にはどういうことが隠されているのか、などともう少し深く事態を見極めることでしょう。その際、どの選択肢をとるとどのようなメリット、デメリットが援助対象者にあるのかをしっかり明示することも大切です。

　倫理を考えるということは、自分自身を考えるということになります。実は、「わからなさ」の最たるものは、自分自身であるからです。つまり、一番身近で「わかった」つもりになっている自分自身そのものが、もっとも厄介で手強く、しかもそのことさえもわからずに平気でつきあっているということになります。

　倫理の問題は単に規則に当てはめ答えを出すものではありません。対人援助職でいえば、「わからない」ことをわかっていて、さまざまな葛藤を抱える能力とそれを生き延びる力こそが必要で、そのようななかでいかに自分自身をみつめることができるかが常に問われているのだと思います。

　倫理は自分を縛るものでも怖いものでもありません。その本質を理解しようとし、基本的には遵守することで、援助対象者や対人援助職自身、さらには周囲の人々を守るものであることを知っておく必要があると思います。

コラム 23：わかりあうために、相手の自己愛を　満たしてあげる

　皆さんは自分の怒りっぽさに気がついていますか？自分では気づいていないことが多いのですが、他人にわかってもらえない不満を抱えている人ほど怒りっぽくなっています。

　怒りっぽいというと、すぐにキレて大きな声をだしたり、動作が荒っぽくなったりすることを想像しますが、仕事の場ではこうした感情は表面に出しません。そのかわり、こころのなかに閉じ込められた怒りはなかなか鎮まりません。

　たとえば、待ち合わせに友人が遅れたとします。「どうしたのかな？」と心配するくらいならいいのですが、「時間にルーズなのは許せない」と考えるようだと、十分に怒りっぽい人なのです。それなのに、15 分遅れで友だちが現れ、「ごめん、帰る直後に仕事を言いつけられて……」と謝られると、あっさり「別にいいよ」と答えてしまいます。こうしたケースが度重なると、あなたの怒りの気持ちは周囲には伝わりませんが、それだけ「わかってもらえない」不満は募り、怒りっぽさはパワーアップします。

　このように、「わかってもらえない」不満は曲者ですよね。「わかってもらえない」不満から抜け出す方法として、無理なことは諦めること、みんなにわかってもらうことは無理だと諦める考え方をお勧めします。ひとりでもふたりでもわかってくれる人がいればいい、と考えるようにしてみるのです。ただ、あなたをわかってくれる人は、あなたがその人をわ

かってあげようとしない限り、現れることはありません。実はこの考え方がとても大切なことです。

　自己愛という言葉があります。自己愛とは、簡単にいえば自分が可愛いという心理ですから、誰にでもあります。自分を否定的に捉える人でも、誰かに褒められたり評価されたりすれば、嬉しくなるものです。つまり、自己愛とは、他人によって満たされるものなのです。自分を可愛いと思う気持ちは、自分をわかってくれる人によって満たされるのです。「この人は自分のことをわかってくれた」と感じたときに、はじめて自分が認められた気持ちになり満足します。

　わかりあうということは give and take です。自分がわかってもらえないという不満は、誰にでもあります。しかし、わかってもらえない者同士が不満をぶつけ合っても何も変わりません。ですから、相手の言葉やリアクションが少しでも意外に感じたら、相手がどうしてそんなことを言ったのか、考えてみる癖をつけてみてください。

　自分がわかってもらえないのに、「わかってあげよう」という気持ちをもつ。それは、少しお人好しのように聞こえるかもしれませんが、不満を相手にもつだけの関係よりもずっとマシですよね。「わかってあげよう」という気持ちになるだけで、わかってもらえない怒りはかなりおさまります。

　「私は誰にもわかってもらえない」と苦しむよりも、「この人はどんな気持ちでいるのだろう」と想像したほうが、気持ちは楽になります。そうすれば、あなたに厭味をいう先輩も、すぐに拗ねてしまう友だちも、みんなそれなりに不満があるのだろうと想像できます。その不満と真正面から向き合っていた自分も、相当イライラしていたのだとわかってくると

思います。

　この方法は、相手の自己愛を満たしてあげるやり方です。自分の話に耳を傾けてもらえば、誰でも嬉しくなりますし、自信もつきます。認められた気持ちになれば、きっとあなたの話に耳を傾けるようになります。「この人は私のことをわかってくれた。だから、私もこの人のことをわかってあげよう」と考えるようになるでしょう。

　もちろん、世間には際限なく自分の自己愛だけを満たそうとする人もいます。そういう人を相手にするほどお人好しになる必要はありませんよ。

コラム24：小さな損よりも大きな満足を得るよに
－自分のこころが喜ぶ選択－

　「自分にとって、どんな選択をした方がいいのだろうか」「自分にとってどちらを選んだ方が得をするだろうか」

　このような思考をしてしまう人は、目先の利益や損得だけにとらわれて、思考で判断していく決め方です。自分をどんどん優柔不断にしていく動き方です。

　もしも、このような思考で物事を判断したり選択しようとしたりしているとしたら、結果はどうなるでしょうか。

　「AとBではどちらの方がいいかな？　本当にこれでいいのか」など、絶えず迷い悩む自分に気づくのではないでしょうか。しかも、そのように迷った状態で、Aを選べば「Bの方がよかったのでは」と、今度はBのことが気になります。逆に、Bを選べば「もしかしたら、Aの方が

よかったのでは」と迷い続けるのです。

　つまり、「私にとって、何が適切なのだろう？　どれが得なのだろう？」と考えれば考えるほど、ますます、優柔不断な自分になってしまいます。

　これは、物事を損得だけの思考でとらえていることが大きく影響しています。そこには、自分の感情がまったく入っていないのです。

　もしも、このようなときにあなたが自分の感情を基準にして選んでいたら、どうなるでしょうか。感情を基準にして選べば、A を選んだとしても「A の方がよかった」と、自分の選択を受け入れて、満足することができるでしょう。B を選んだ場合も、感情を基準にして選べば、「A の方がよかったのでは」など、迷うことはありません。

　感情を基準にして選択するからこそ、選択したときの満足感がより多く得られるのです。

　不思議なもので、迷いが大きくなればなるほど、「〜するかもしれないから、〜にしておこう」というような選択をしてしまうものです。

　「これを買うかどうか、迷っている。今は決断できない。しかし、売れてしまったらどうしよう。売れてしまうかもしれないから、ひとまず予約をしておこう。必要なくなればキャンセルするまでだ」

　「今の段階では行けるかどうかはわからない。しかし、行きたくなったときに後悔するかもしれないから、とりあえず予約をしておこう。行きたくなくなれば、キャンセルすればいいさ」

　こうした選択は、一見すると、ずいぶんお得なようにも思えます。しかし、このようなパターンが仕事や人間関係に及ぶと、たいへんです。

　「もしかしたら、仕事の連絡が入るかもしれない。しかし、入らないかもしれないから、とりあえず、友だちと約束してしまおう！」

「彼と会うかもしれないけれど、仕事の都合で彼が連絡してこないとつまらないから、とりあえず、友だちと会う約束しておこう」

　このように、迷っていながら決めることができないと、二股かけるような選択をしてしまうのです。

　二兎を追うものは一兎をも得ず。このような選択の仕方は、次第に信用を失います。

　このように、思考だけで決めようとすると、迷いが多くなります。自分の感情を基準に選択していないことに早く気づく必要があります。思考だけで決めていると、ますます自分の選択に自信をなくし、「仕事も友だちも面倒だ！」ということになってしまいます。

　「楽しそう」「好きだから」など、感情を基準にすれば、満足することが多くなります。

　満足できれば、選択したことが多少間違っていたとしても、自分が満足して選択したわけですから、多少の損やハンディはすぐに取り戻すことができるのです。自分のこころが喜ぶ選び方がいちばんですよね。

> ## コラム 25：人は誰でも、自分のことをわかって
> ##   欲しいのです

　自分がわかってもらえないという不満は、程度の差はあってもほとんどの人が抱いています。たとえば、仕事では、「もう少し権限があれば」などの前提つきで、自分の能力が正当に評価されていないという不満があります。また、家事や育児などは、やっている本人でなければその辛さはわかりません。こうした場合、夫や家族に対する、わかっても

らえないことへの不満につながります。

　しかし、一番大きな不満は、自分の気持ちをわかってもらえないことです。自分が何を考え、どのような希望や欲求をもっているか、どんな不安を抱えているのか、周囲が少しも理解してくれないし、理解しようとしない。これがいちばん大きいでしょうね。

　しかし、周囲の人も同じ不満を抱えているはずです。上司も部下にわかってもらえない不満を抱えているかもしれません。

　自分をわかってもらえない不満があると、自分のこころだけをみつめてしまいがちです。「私はこんなに頑張っているのに」というように、まずは自分をみつめ、それから他人に怒りの感情をぶつけようとします。しかし、これは相手に気がついていない状態です。目の前の相手が今どんな気持ちでいるのか、どのような理由でそういう態度をとっているのかということはまったく考えていません。あくまでも、自分のこころが中心になっているからです。

　たとえば、あなたが時々、忙しそうなときに手を貸してあげていた同僚がいたとします。もちろん、そのたびにあなたは感謝されてきました。しかし、ある日、あなたはどうしても定時で帰宅しなければならない用事があり、どうしてもその同僚に助けを求めなくてはならなくなりました。あなたはできる限り低姿勢で、「ちょっと今日お願いしたことがあるのですが……」とお願いしました。ところが、その人はそっけなく「私も忙しいの」と断ってきました。

　その瞬間、あなたは「裏切られた」という気持ちになりますね。「私はいつも助けているのだから、こうした時は私だったら二つ返事で引き受ける！」と。すると、あなたの頭のなかは、不満でいっぱいになります

ね。

　こんな時に、相手がどうして断ったのだろうかと考えるゆとりはありますか？「自分勝手だ」と思っていますから、顔もみたくなでしょうね。まさに、私の気持ちも知らないで！という怒りの体験です。

　「わがままだ」「自分勝手だ」という怒りの気持ちは、相手の気持ちをわかったつもりになっているだけで、それはあなたの感情に過ぎず、相手の気持ちではありません。どのような理由であなたの頼みを断ったのか、まったく想像もしていないからです。

　相手の言葉や反応が意外に感じたら、「どうしてかな」と、ちょっと間を置いてみることを私はお勧めします。頼みごとが断られたから腹を立てるのではなく、どうして断られたのかをまずは考えてみてください。

　そうすれば、「私の頼み方が悪かったのかもしれない」「本当に忙しいかもしれない」「ドライに割り切るタイプなのかもしれない」などの理由が考えられるようになります。もちろん、本当のことはわかりません。しかし、忙しいと断られた以上、それ以上の理由は問えません。こうしたときこそ、ちょっと間を置き、考えてみるだけで怒りの感情はおさまるものです。

　皮肉をいわれたり、冷たい言葉を浴びせられたりしたときも、ちょっと間を置くことで、カチンとくることもありません。「ムシの居どころでも悪いのかな」などと考えるゆとりがあれば、本当の理由はわからなくても、受け流すことは可能です。

　相手のペースにのみこまれず、ちょっと間を置くことで、ずいぶん気持ちが楽になるはずです。相手に悪意があっても、まともに受けなくて済みますから、ぜひ実践してみてください。

＊参考文献

・ビアーズ, C. W. 『わが魂にあうまで』　江畑敬介訳　星和書店 1980 年

・クーパー, M. ／マクレオッド, J. 『心理臨床への多元的アプローチ―効果的なセラピーの目標・課題・方法―』末武康弘・清水幹夫監訳　岩崎学術出版　2015 年

・エリス, A. ／ハーパー, R. A. 『論理療法―自己説得のサイコセラピィ』　國分康孝・伊藤順康訳　川嶋書店　1981 年

・ロジャーズ, C. R. 『ロジャーズ全集』全 18 巻・別巻 5 巻　岩崎学術出版　1966〜1977 年

・ロジャーズ, C. R. 『カウンセリングと心理療法』末武康弘・保坂亨・諸富祥彦訳　岩崎学術出版　2005 年

・ロジャーズ, C. R. 『クライアント中心療法』末武康弘・保坂亨・諸富祥彦訳　岩崎学術出版　2005 年

・ロジャーズ, C. R. 『エンカウンター・グループ』畠瀬稔・畠瀬直子訳　ダイアモンド社　1973 年

・佐治守夫・飯長喜一郎編『新版　ロジャーズ　クライエント中心療法―カウンセリングの核心を学ぶ―』　有斐閣　2011 年

・フロイド, S. 『フロイド選集・改訂版』全 17 巻　日本教文社　1969〜1974 年

・岩壁茂編著『カウンセリングテクニック入門』　金剛出版　2018 年

・河合隼雄『カウンセリングの実際問題』　誠信書房　1970 年

・マズロー, A. H. 『改定新版　人間性の心理学』小口忠彦監訳　産業能率短期大学出版部　1987 年

・マグレガー, D. 『企業の人間的側面－統合と自己統制による経営－』（新版・新訳版）高橋達男訳　産業能率大学出版部　1970 年

・平木典子『カウンセリング・スキルを学ぶ』　金剛出版　2003 年

・平木典子他『マンガでやさしくわかるカウンセリング』　日本能率協会マネジメントセンター　2020 年

・平木典子・藤田博康編『キーワードコレクション　カウンセリング心理学』　新曜社　2019 年

・國分康孝『カウンセリング教授法』　誠信書房　1983 年

・國分康孝・大友秀人『授業に生かすカウンセリングーエンカウンターを用いた心の教育－』　誠信書房　2001 年

・松本邦裕　「精神分析」『臨床心理学』第 7 巻第 5 号　金剛出版 2007 年

・畠瀬稔・畠瀬直子訳『人間の潜在力－個人尊重のアプローチー』創元社　1980 年

・日本教育カウンセラー協会編『ピアヘルパーハンドブックー友達をヘルプするカウンセリング』　図書文化社　2001 年

・日本教育カウンセラー協会編『ピアヘルパーワークブックーやがて身につくカウンセリング練習帳―』　図書文化社　2002 年

・春日井敏之・伊藤美奈子編『よくわかる教育相談』　ミネルヴァ書房　2011 年

・向後礼子・山本智子『ロールプレイで学ぶ　教育相談ワークブック　子どもの育ちを支える』ミネルヴァ書房　2014 年

・森田正芳編『カウンセリングと教育相談　具体例を通して理解する』　あいり出版　2012 年

・下山晴彦『臨床心理学を学ぶ 1　これからの臨床心理学』　東京大学出版会　2010 年

・渡辺三枝子『カウンセリング心理学』　ナカニシヤ出版　2002 年

・廣井亮一『カウンセラーのための法と臨床　離婚・虐待・非行の問題解決に向けて』　金子書房　2012 年

・金沢吉展『臨床心理学の倫理を学ぶ』　東京大学出版会　2006 年

◎著者プロフィール

杉山雅宏（すぎやま まさひろ）

東京家政大学人文学部心理カウンセリング学科教授
博士（心理学）、スクールカウンセラー（東京都・横浜市等）、東京都荒川区役所職員相談室カウンセラー等を歴任。
公認心理師・臨床心理士・社会福祉士
学校心理士スーパーバイザー・精神保健福祉士
シニア産業カウンセラー

著書に「STOP 高校中退」
　　　「自分心を鍛えよう」
　　　「現代こころ病考」
　　　「ほっと心標」などがある。

聴かせていただく
カウンセリングエッセンス

2024 年 4 月 25 日　初版　第 1 刷発行

著者　杉山　雅宏

発行人　遠藤　正博

発　行　悠々舎出版　yuyusya.pub
　　　　〒108-0074 東京都港区高輪 1-2-1

発　売　そらの子出版　soranoko.co.jp
　　　　TEL 050-3578-6299

印　刷　(有) ケイ・ツー社

※乱丁・乱丁本は、お取り替えいたします。